Pistolino Culo Culo:

Un libro completamente inutile

AlienRedWolf

Pistolino Culo Culo: Un libro completamente inutile

Originariamente pubblicato in inglese, dal titolo, Willy Bum Bum: The Completely Unnecessary Book
Copyright © 2015, 2025 BlankSpace Publications.
London, Ontario, Canada.

A cura del Dr. JD. Illustrazioni originali di Daniel Fowler. Nessuna parte di questo libro può essere copiata senza un'autorizzazione scritta, salvo nei limiti previsti dalle leggi sul fair use. Tutti i personaggi e gli eventi di questo libro sono frutto di fantasia. Ogni eventuale riferimento o somiglianza alla realtà è puramente casuale. Gli eventi narrati in questo libro sono di natura scherzosa. Si sconsiglia vivamente di infilare prugne, vespe e intere bottiglie di rum nel proprio ano.

ISBN: 978-1-988775-12-8

Edizione italiana, Maggio 2025.

Informazioni sull'archivio della biblioteca in inglese:
Library and Archives Canada Cataloguing in Publication (English Edition)

Alien Red Wolf, author
        Willy Bum Bum : the completely unnecessary book / by
esteemed author, Alien Red Wolf.

Based on a viral YouTube video.

    1. Human body--Juvenile humor. I. Title.

PN6231.H765A45 2015   j828 '.9202   C2015-903240-7

BlankSpacep.com

presenta...

Pistolino Culo Culo:

Un libro completamente inutile

[ ]

Ho un pistolino

piccolino,

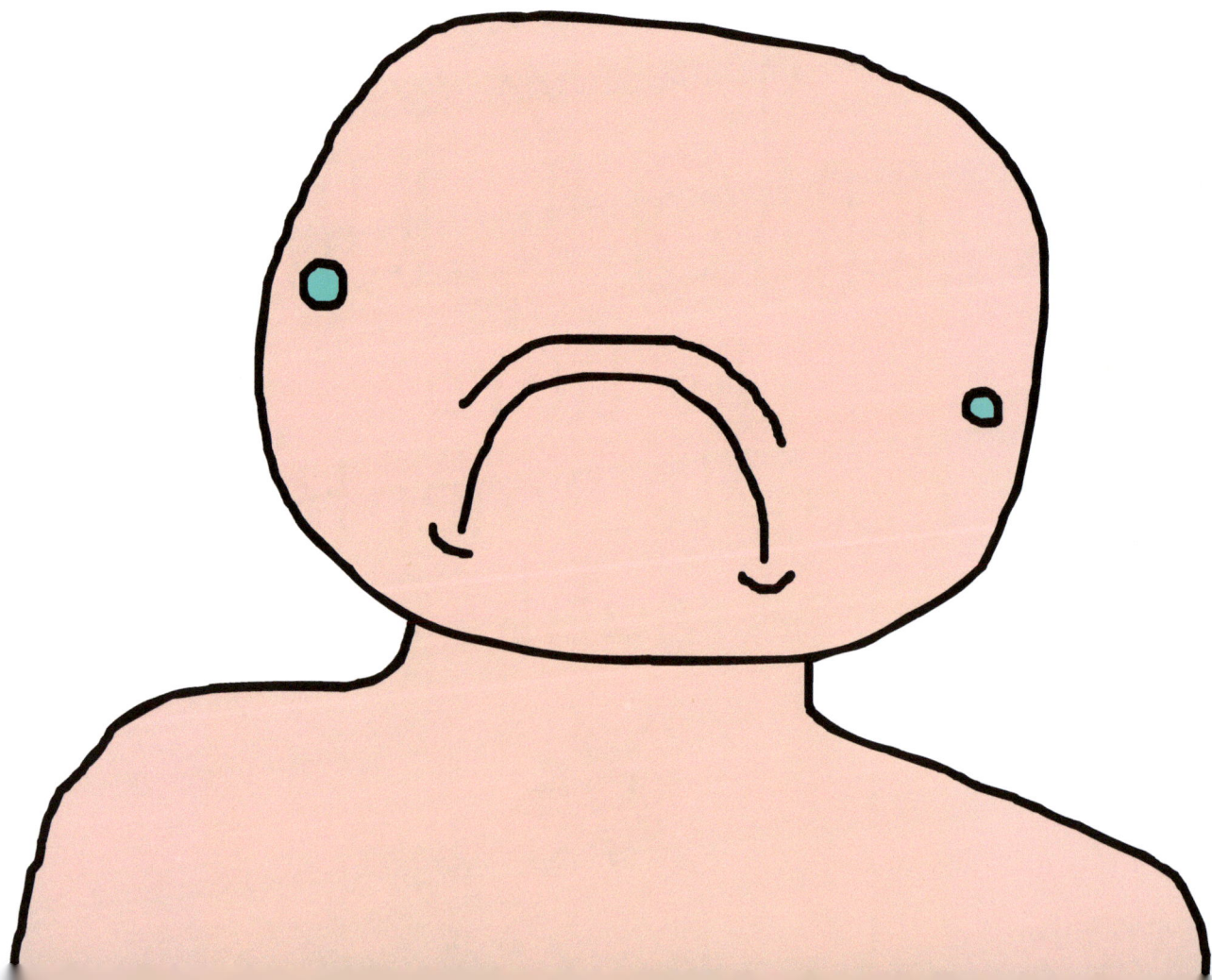

e me lo infilo

in culo.

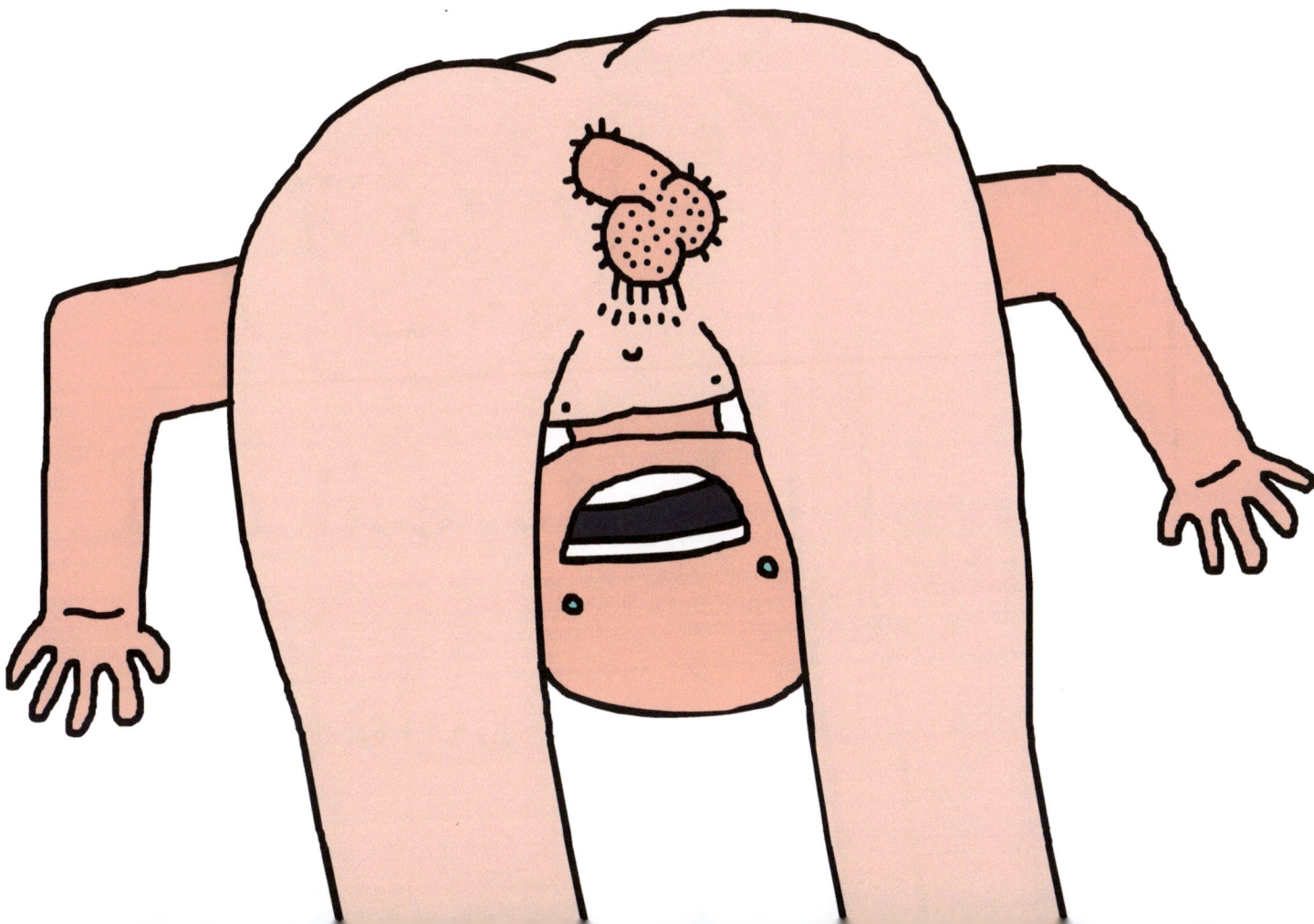

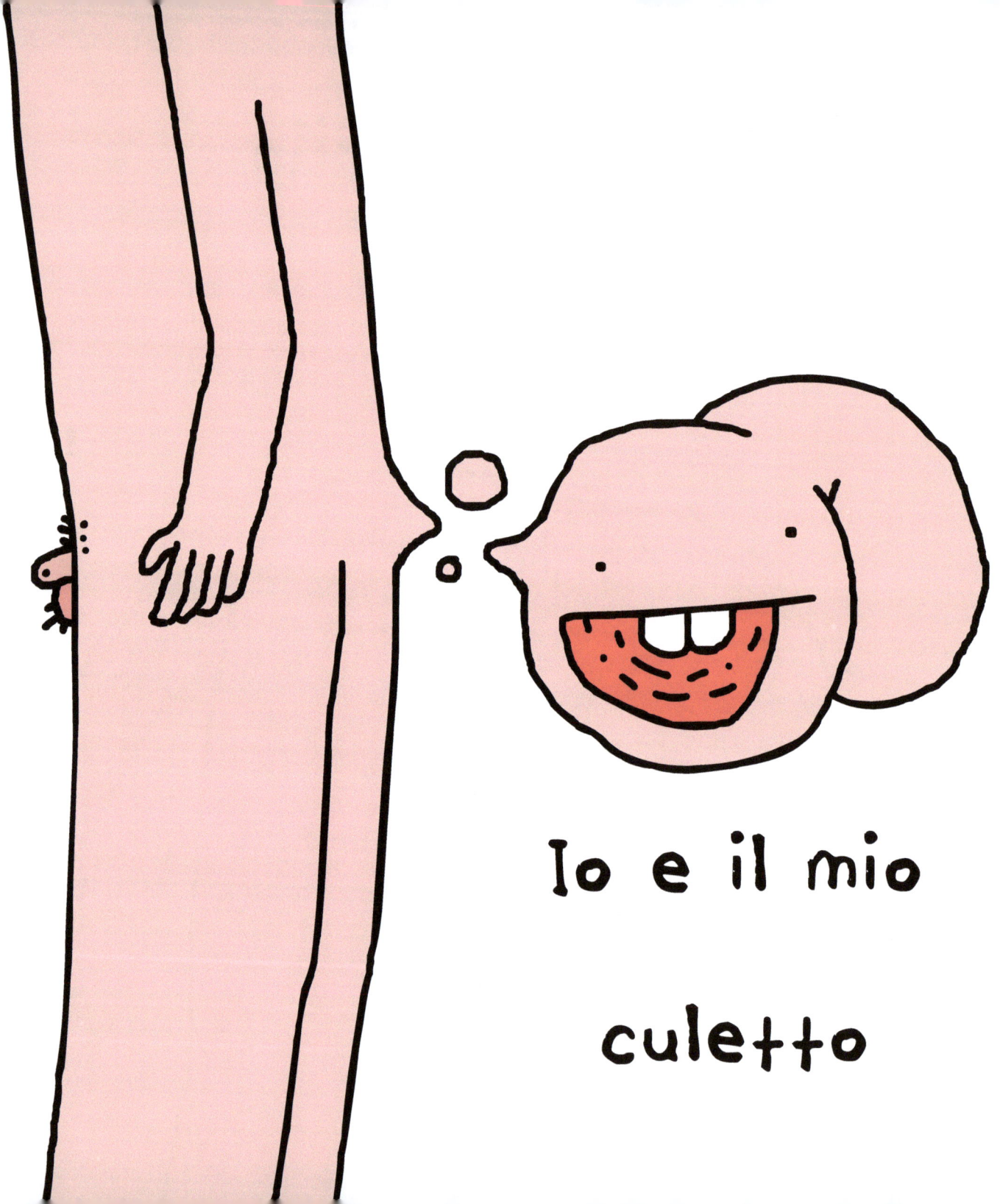

Io e il mio culetto

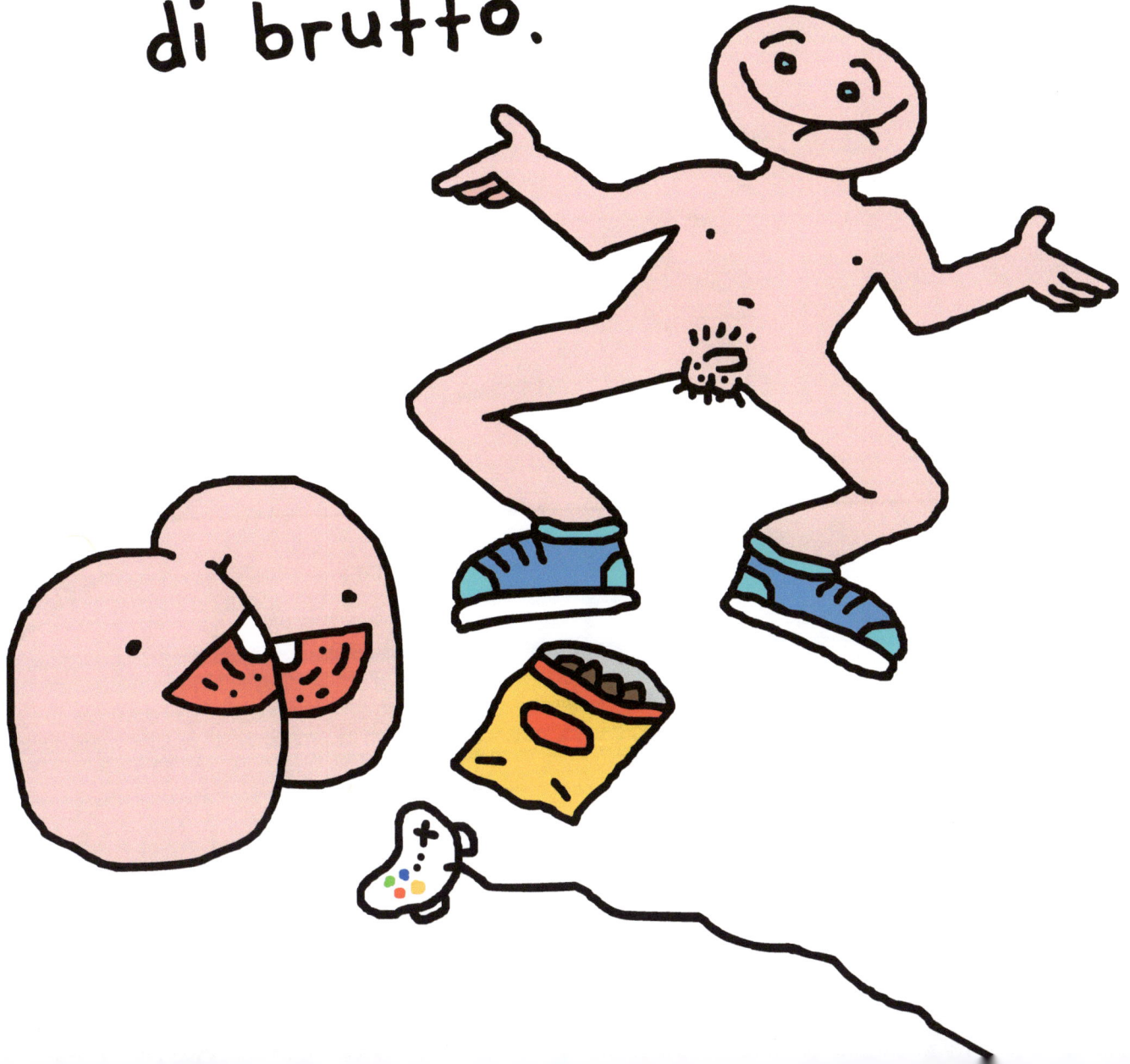

ci divertiam

di brutto.

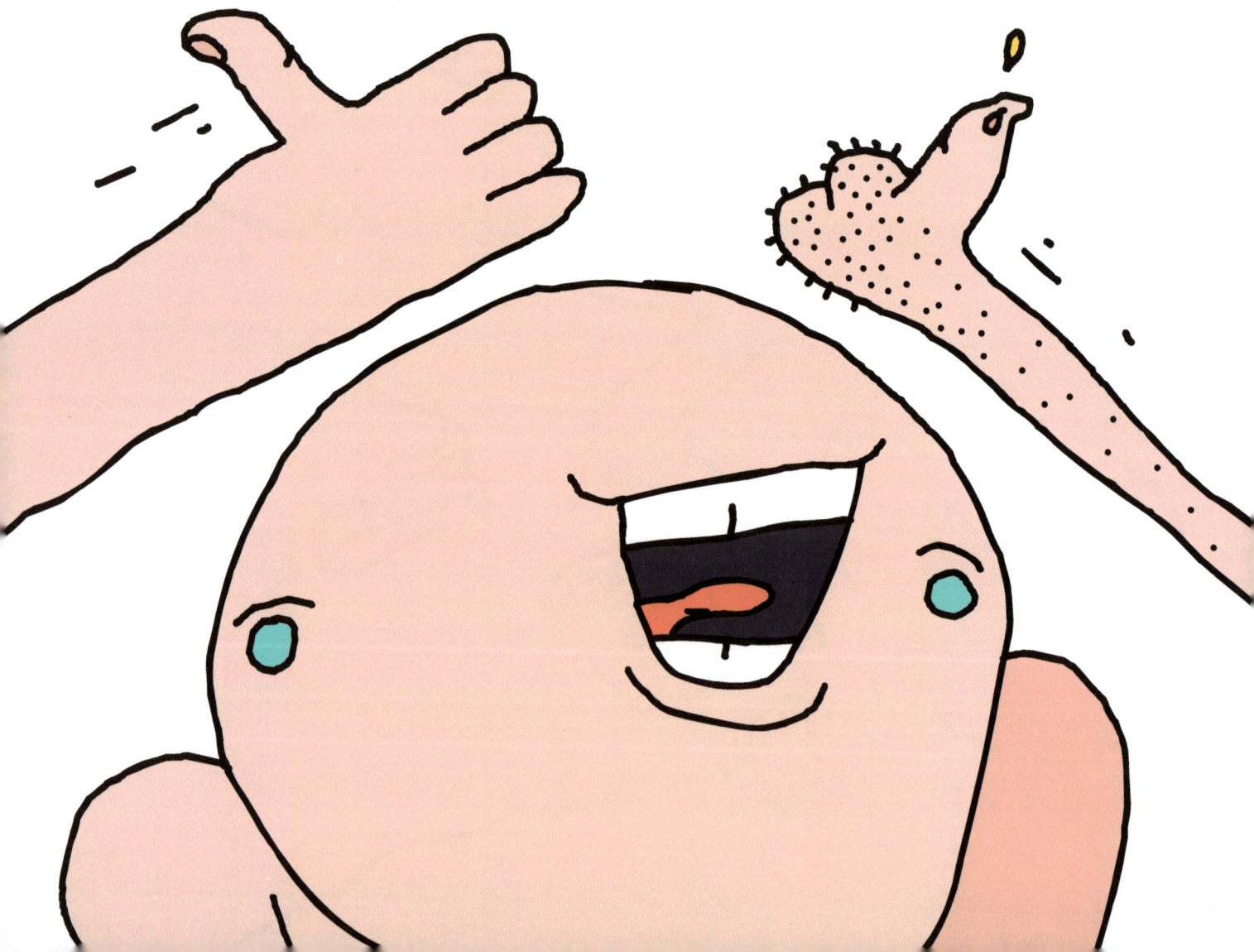

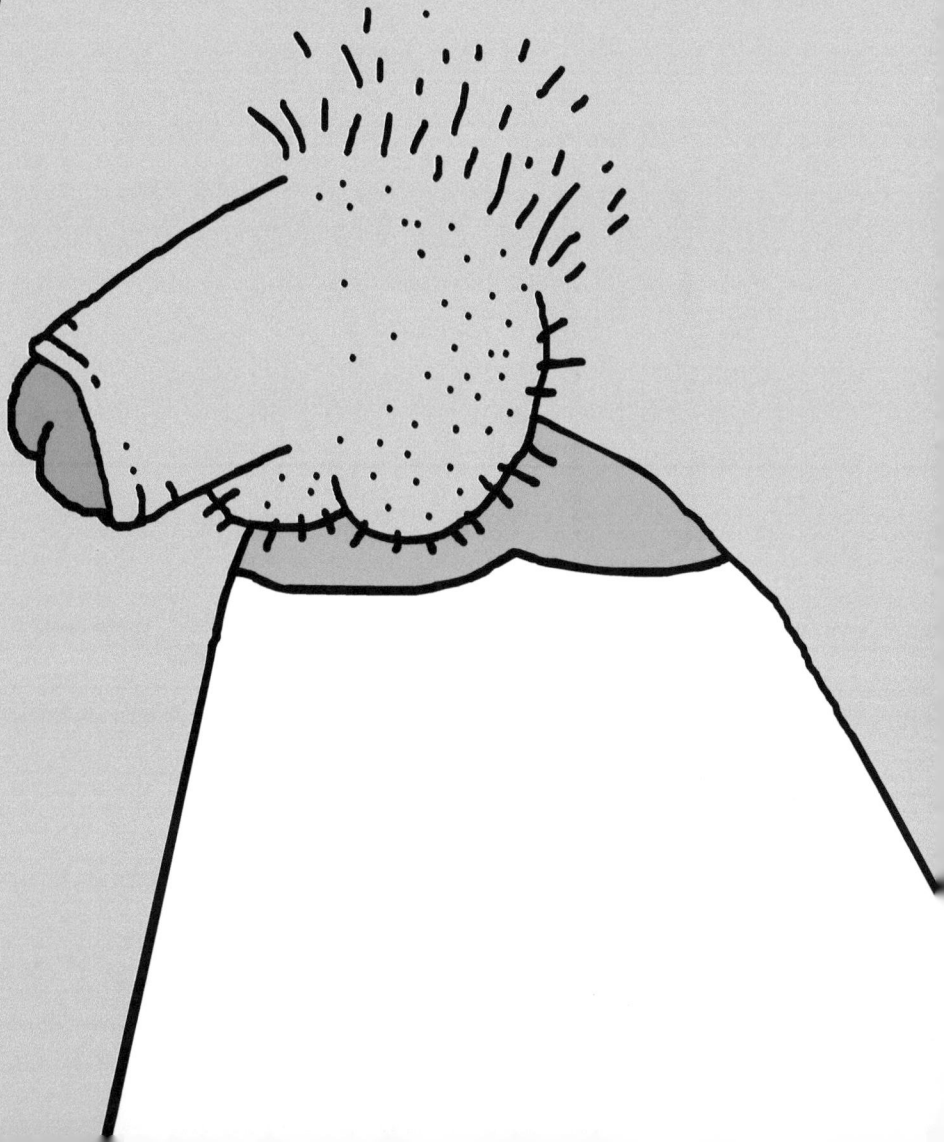

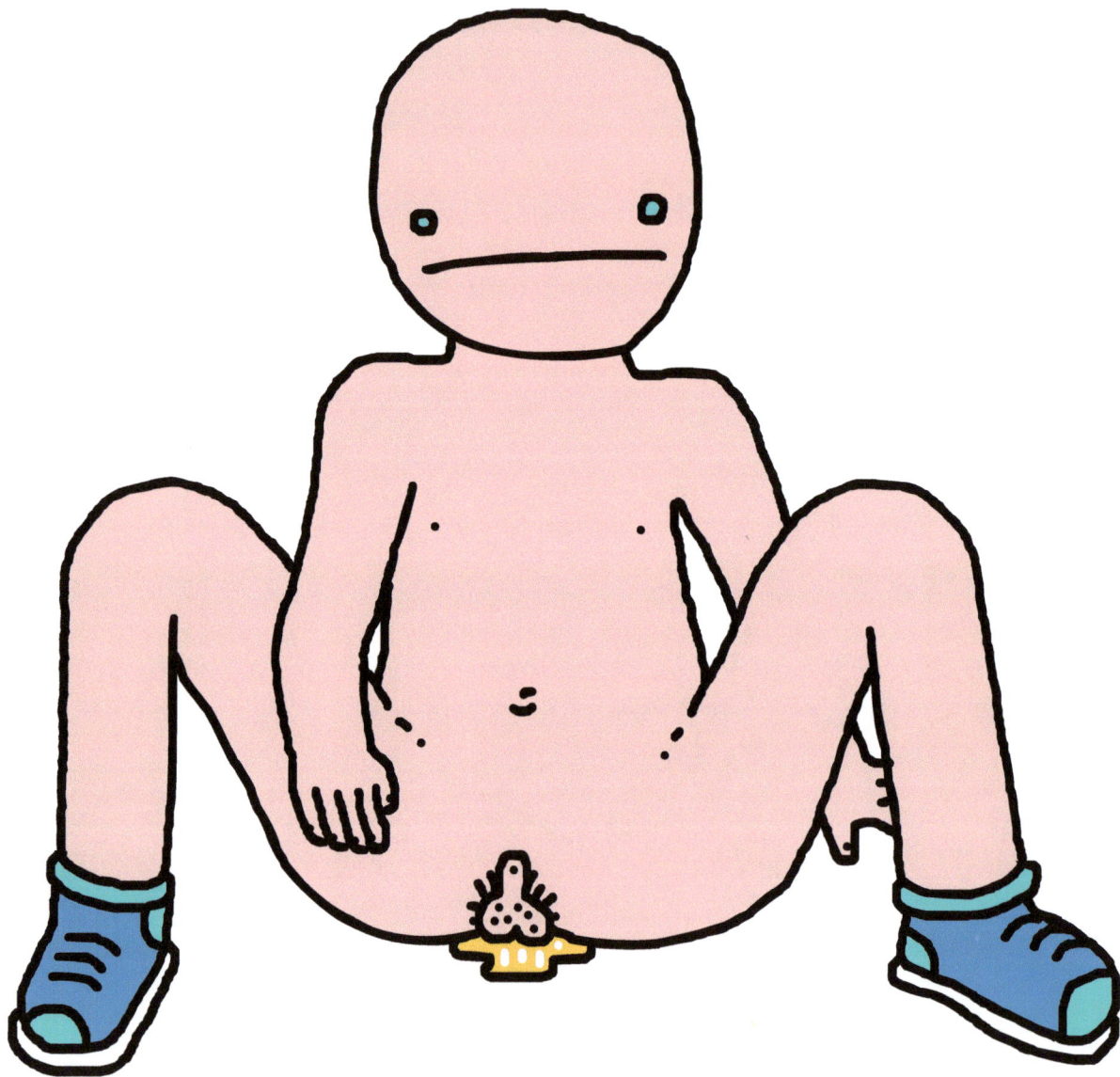

Pistolino stupidino,

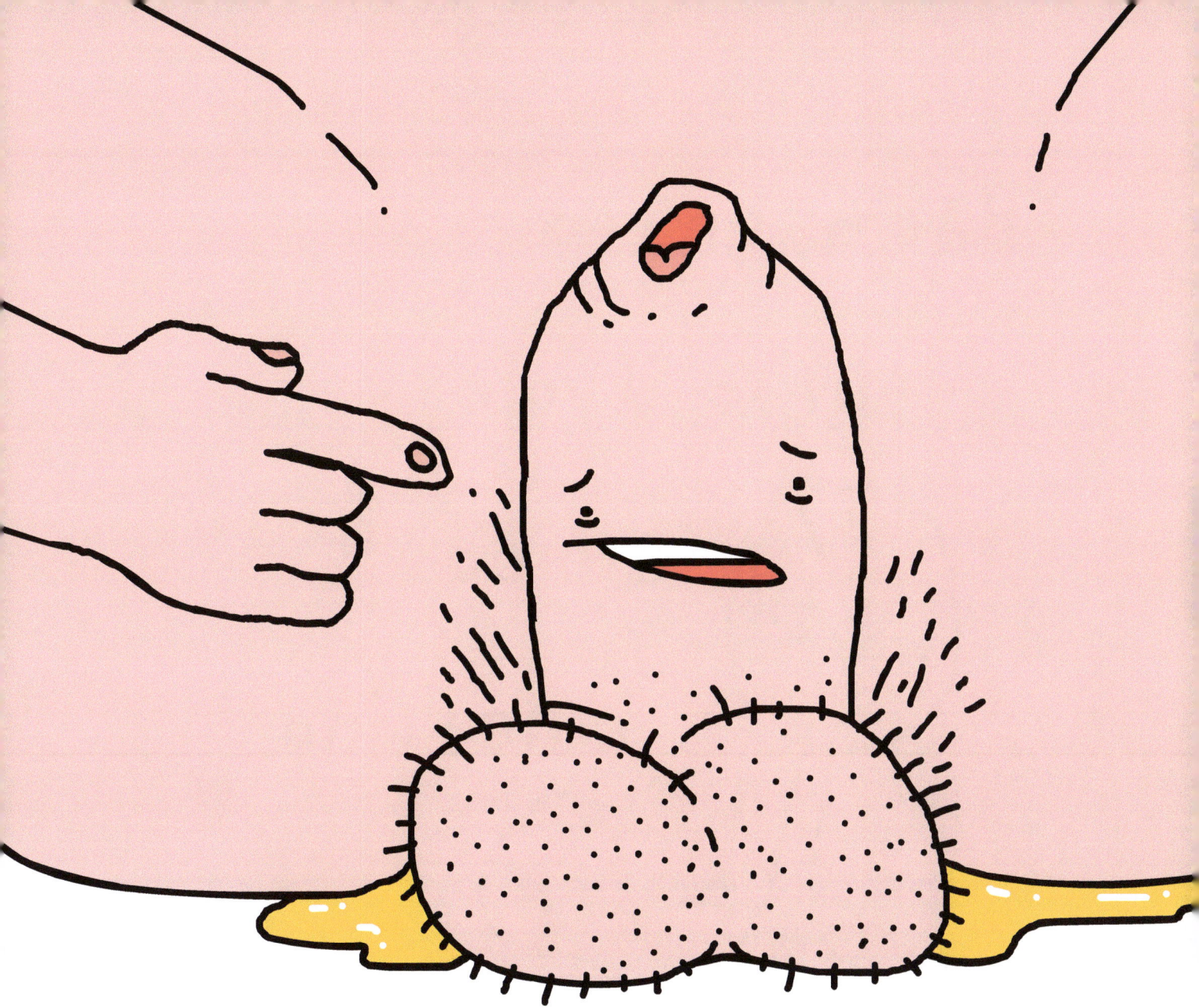

guarda che casino!

Hai bagnato

tutto il mio

amico

culettino.

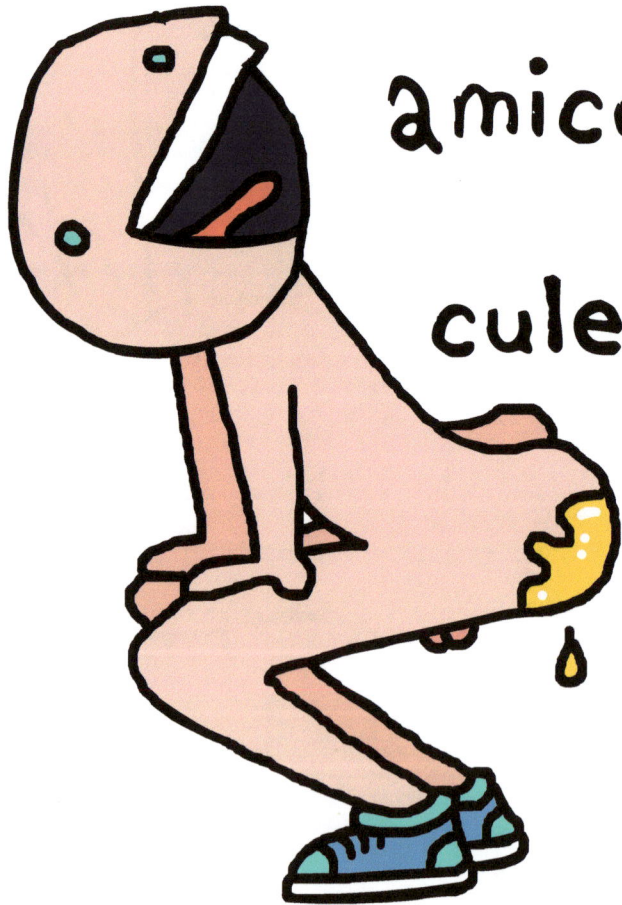

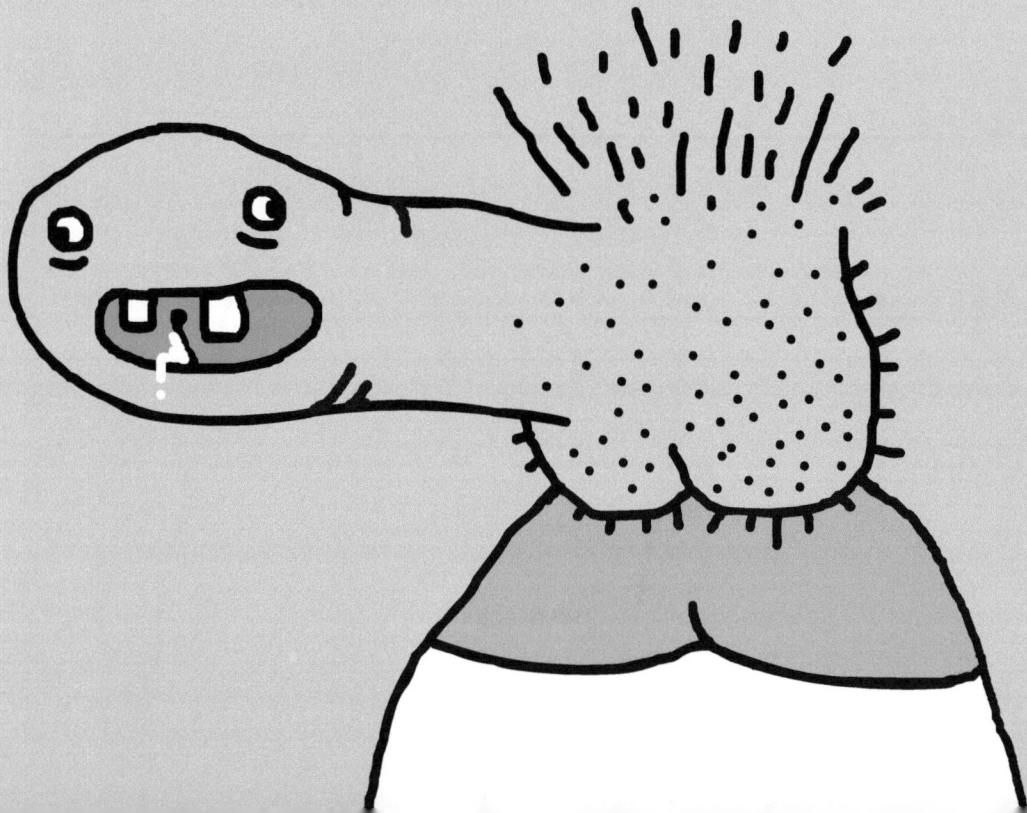

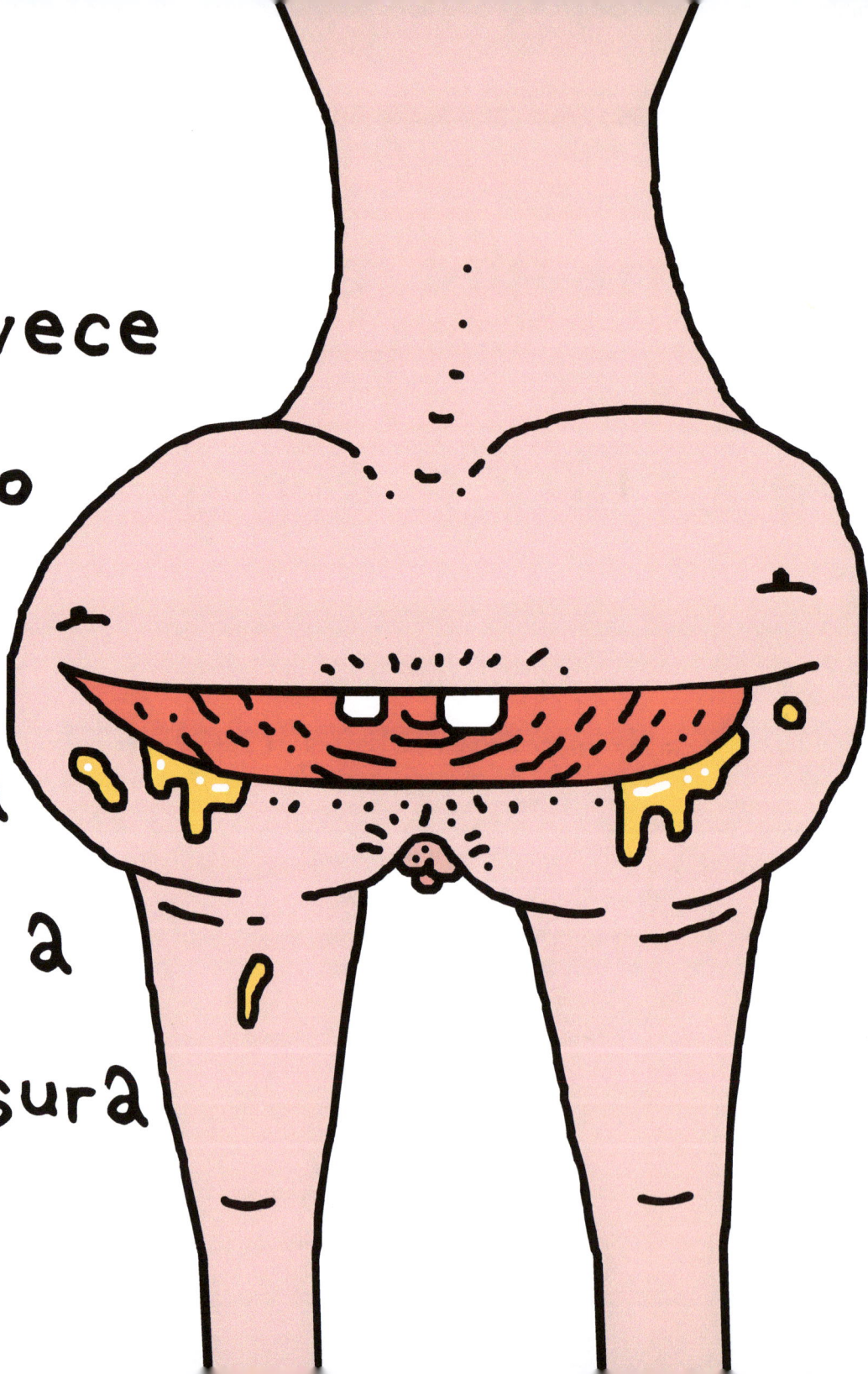

invece il mio culo mangia prugne a dismisura

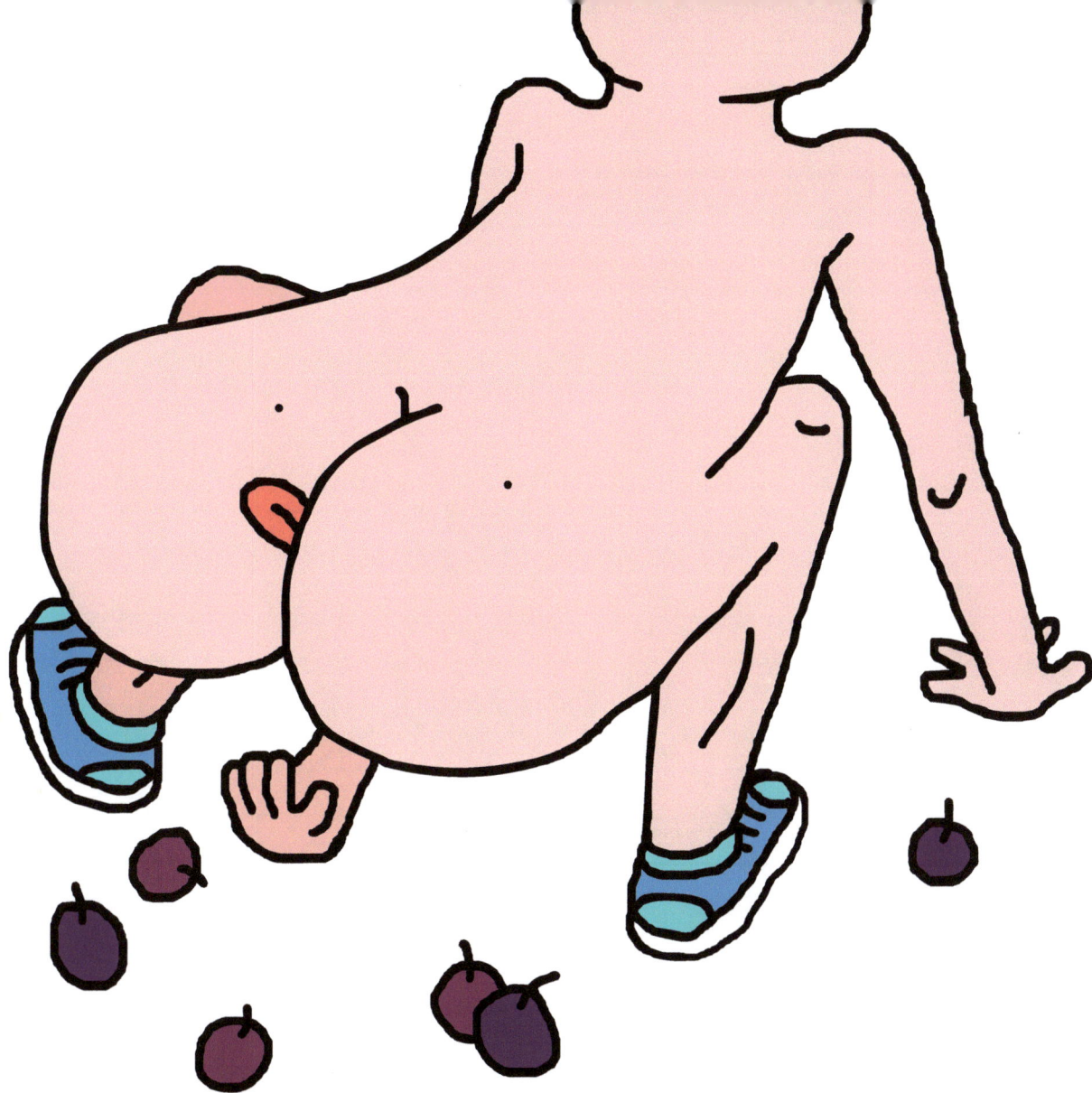

perchè le prugne,
sono buone da paura.

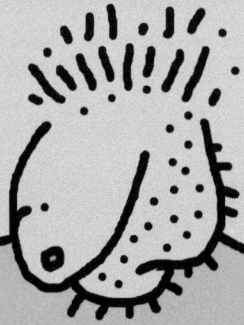

Pistolino

culo culo culo culo.

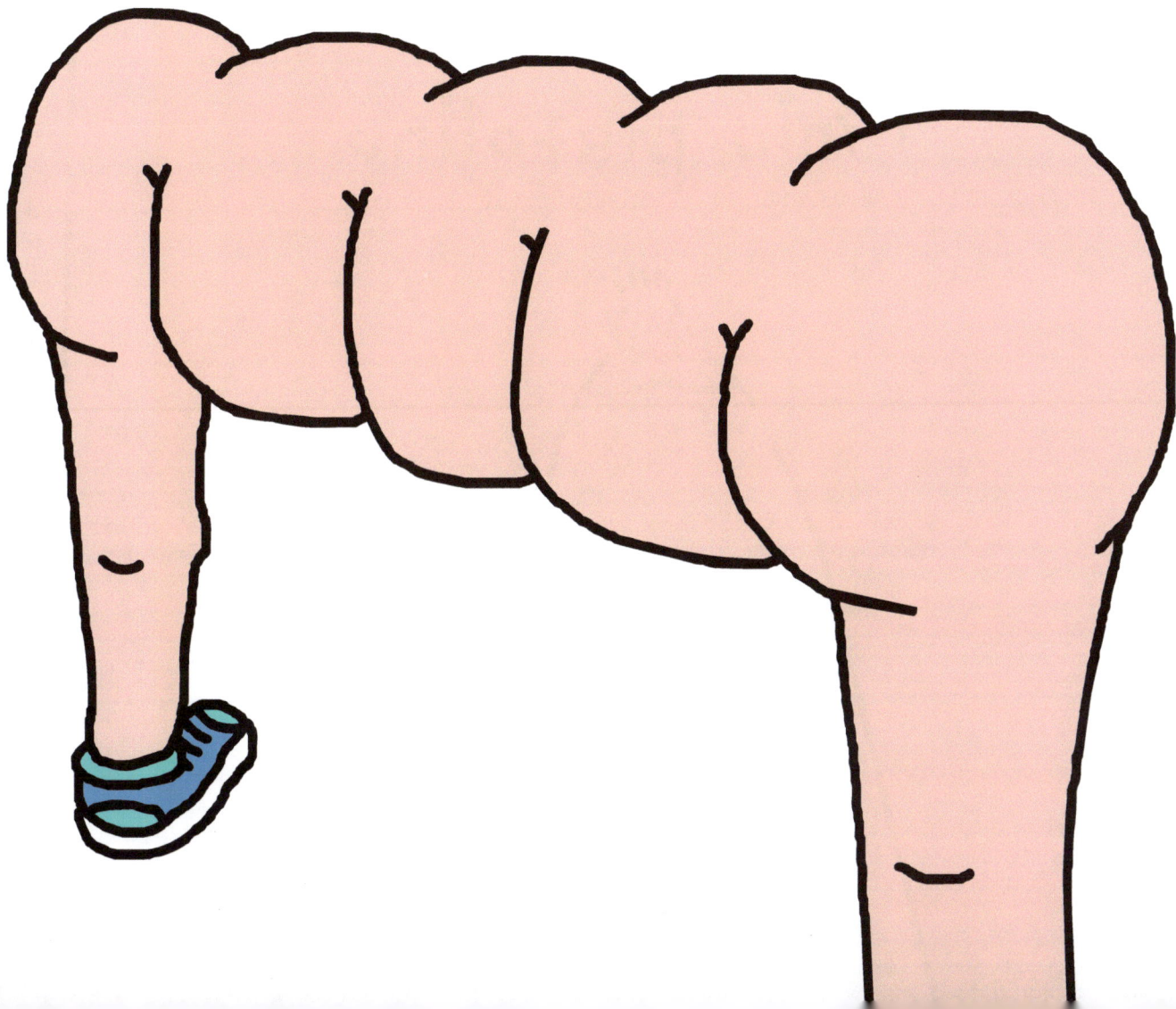

Ma ora basta parlare del

mio pistolino

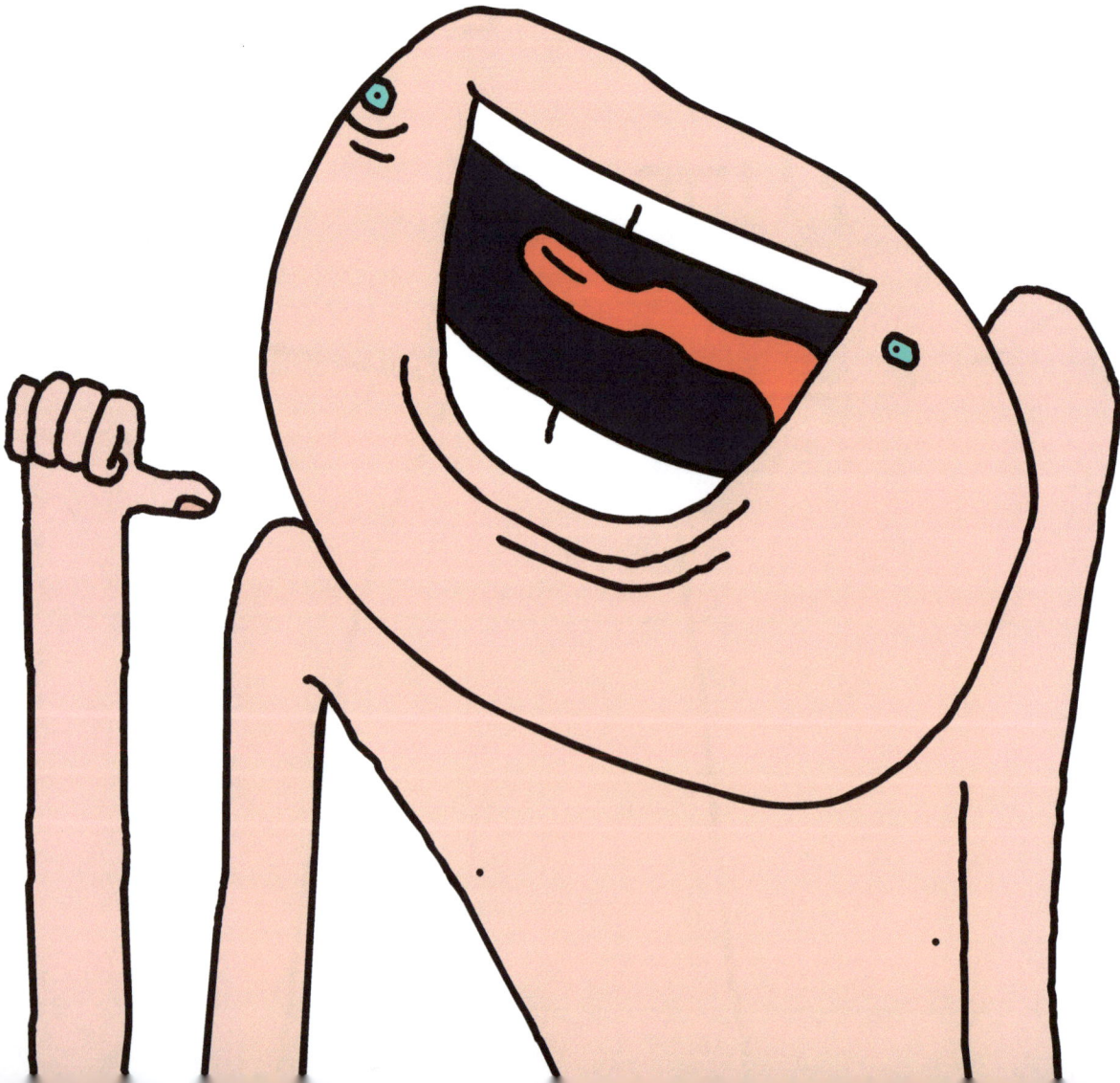

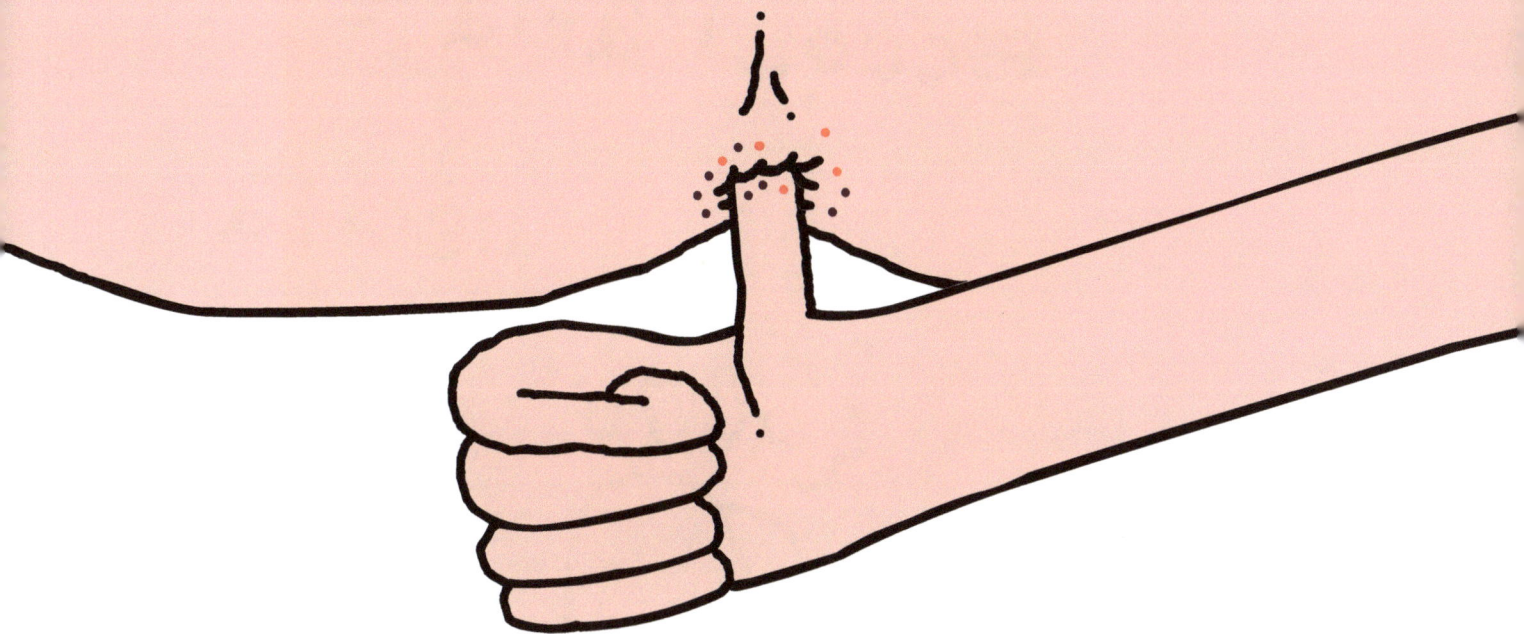

proprio mentre
faccio un bello
scorreggino.

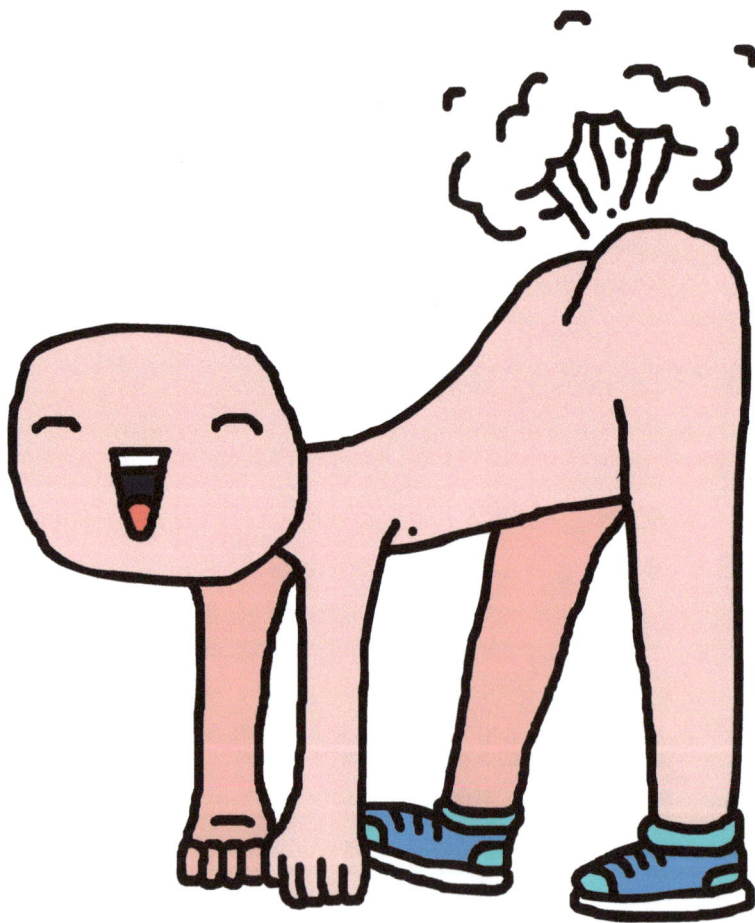

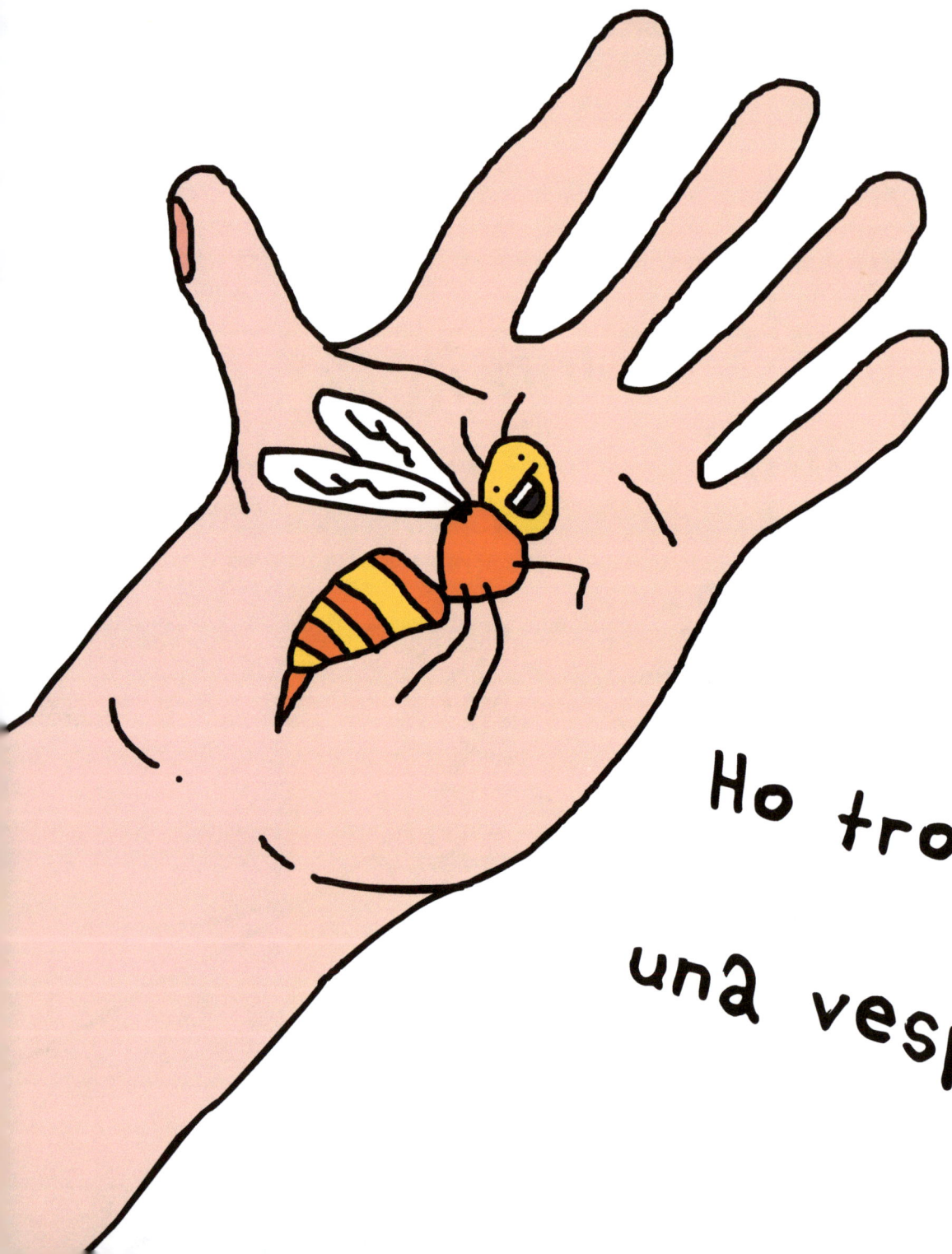

Ho trovato
una vespa,

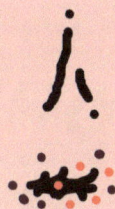

e
ci
ho
infilato
pure
questa.

Ma mi ha punto, proprio dentro il sederino

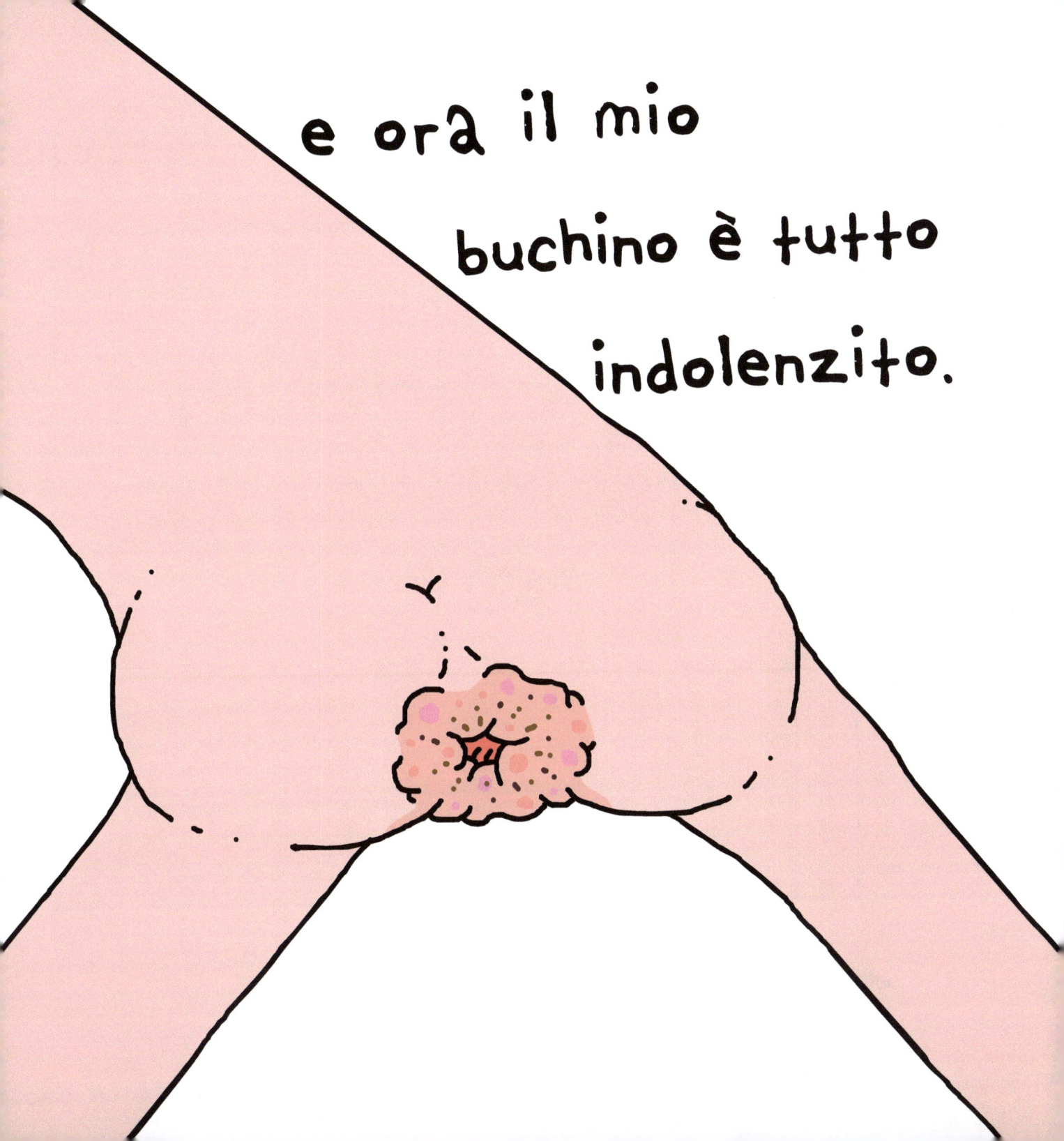

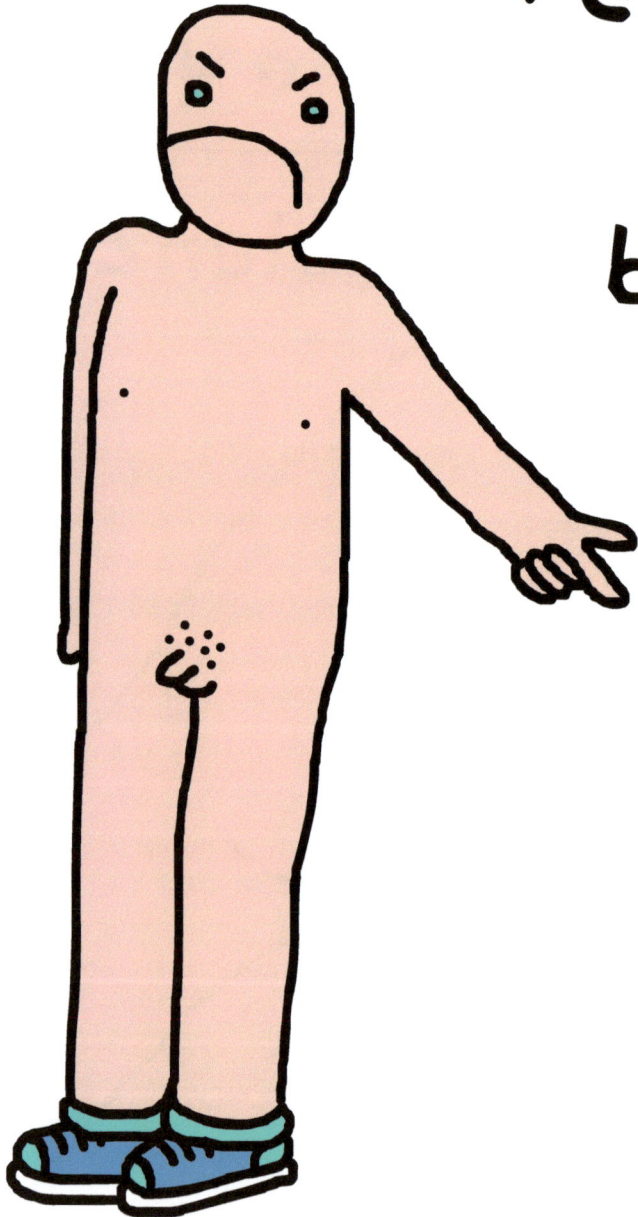

Vespa birichina,

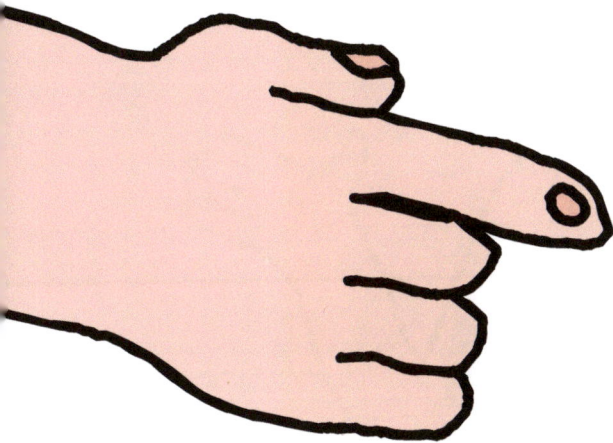

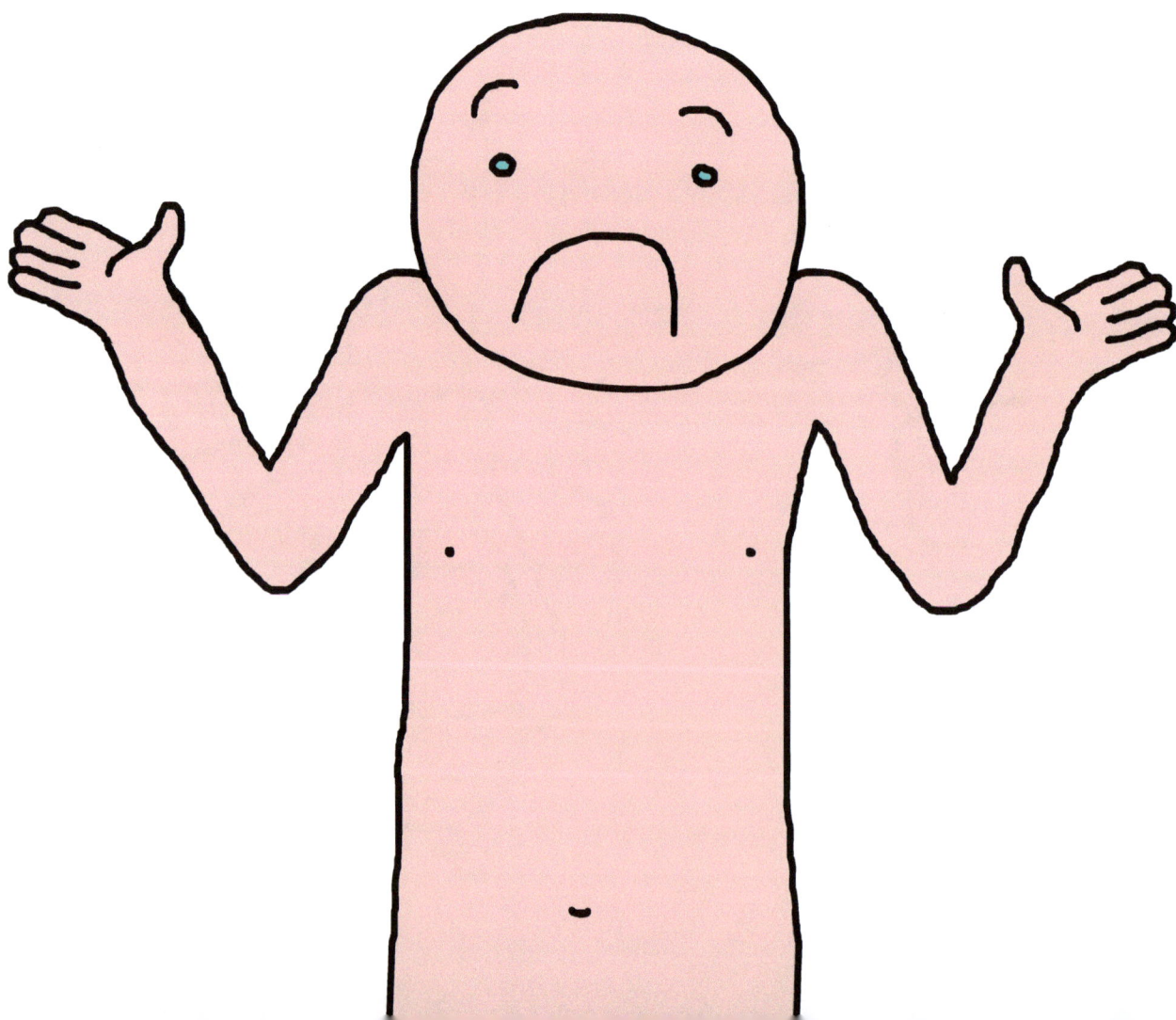

sul mio culo

malaticcio.

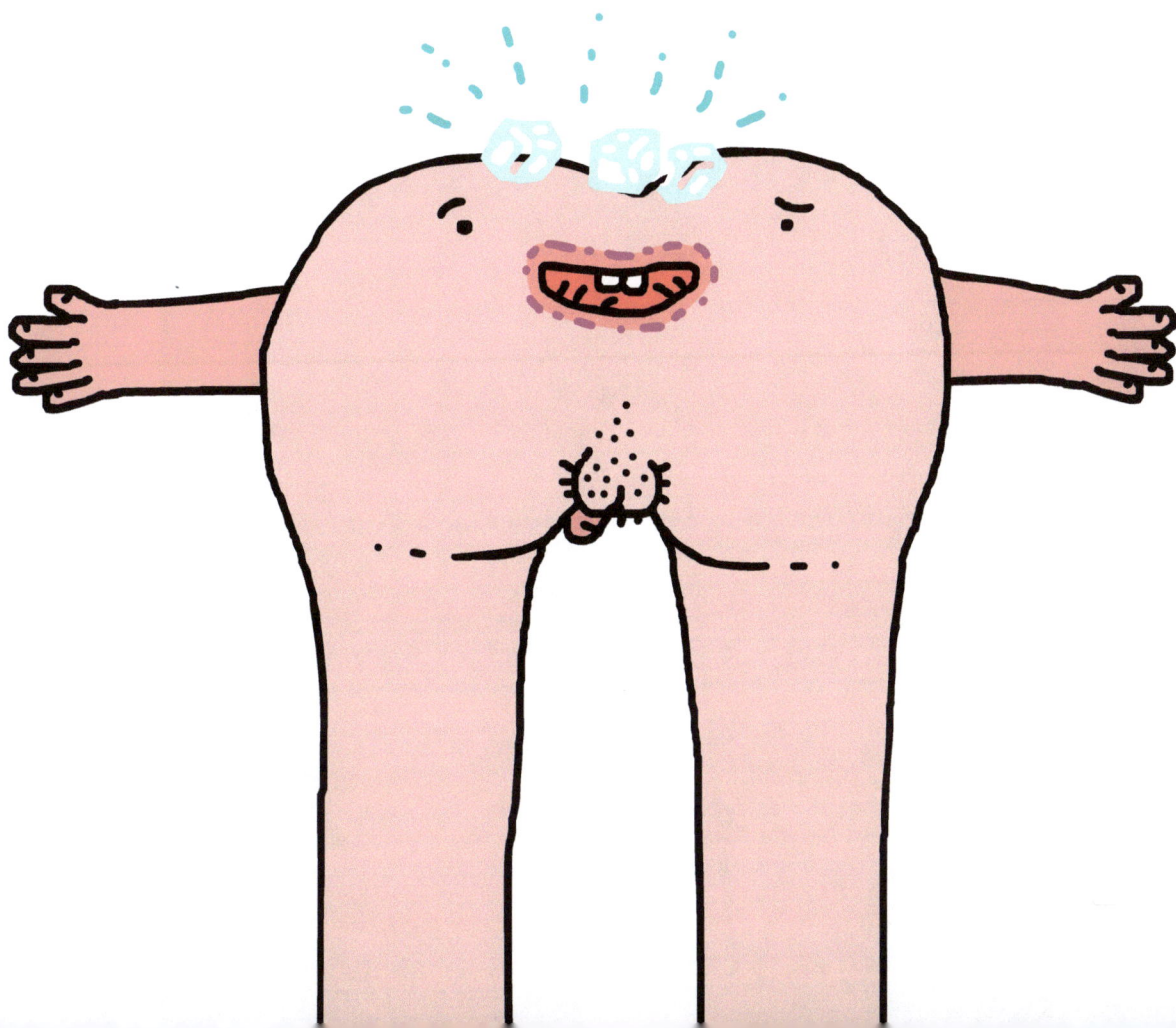

culo culo. Pistolino
culo culo culo culo culo culo.

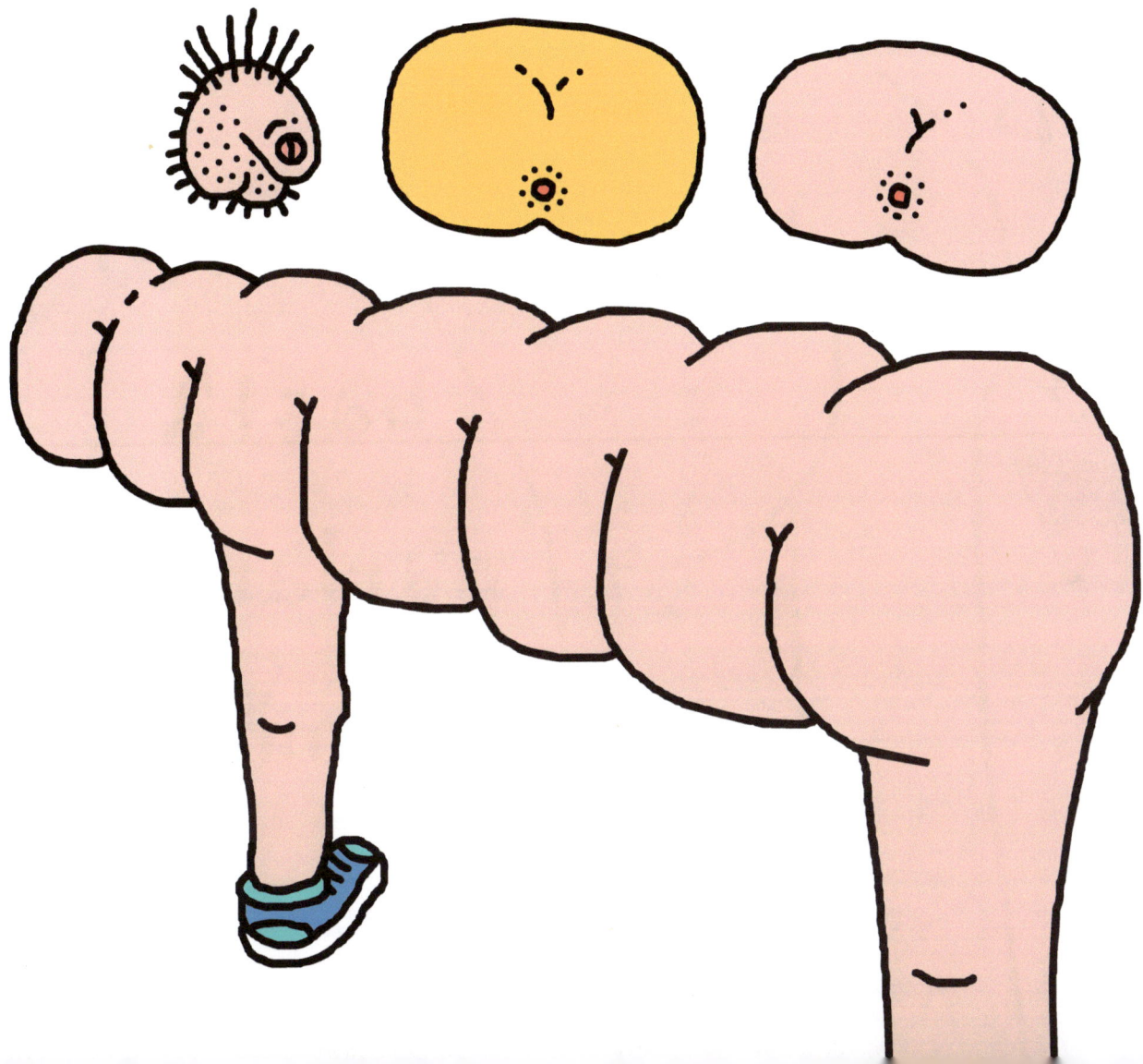

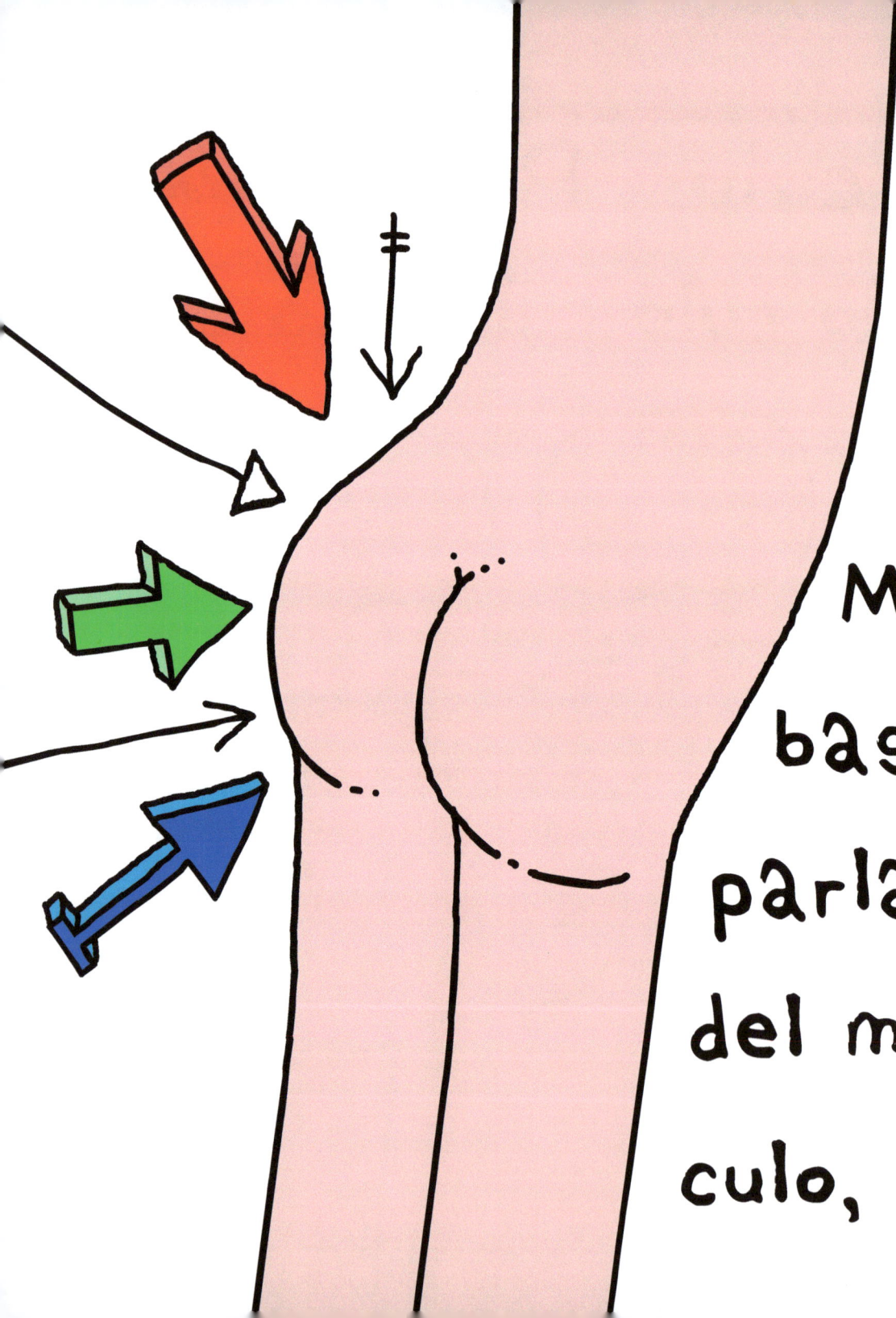

Ma ora basta parlare del mio culo,

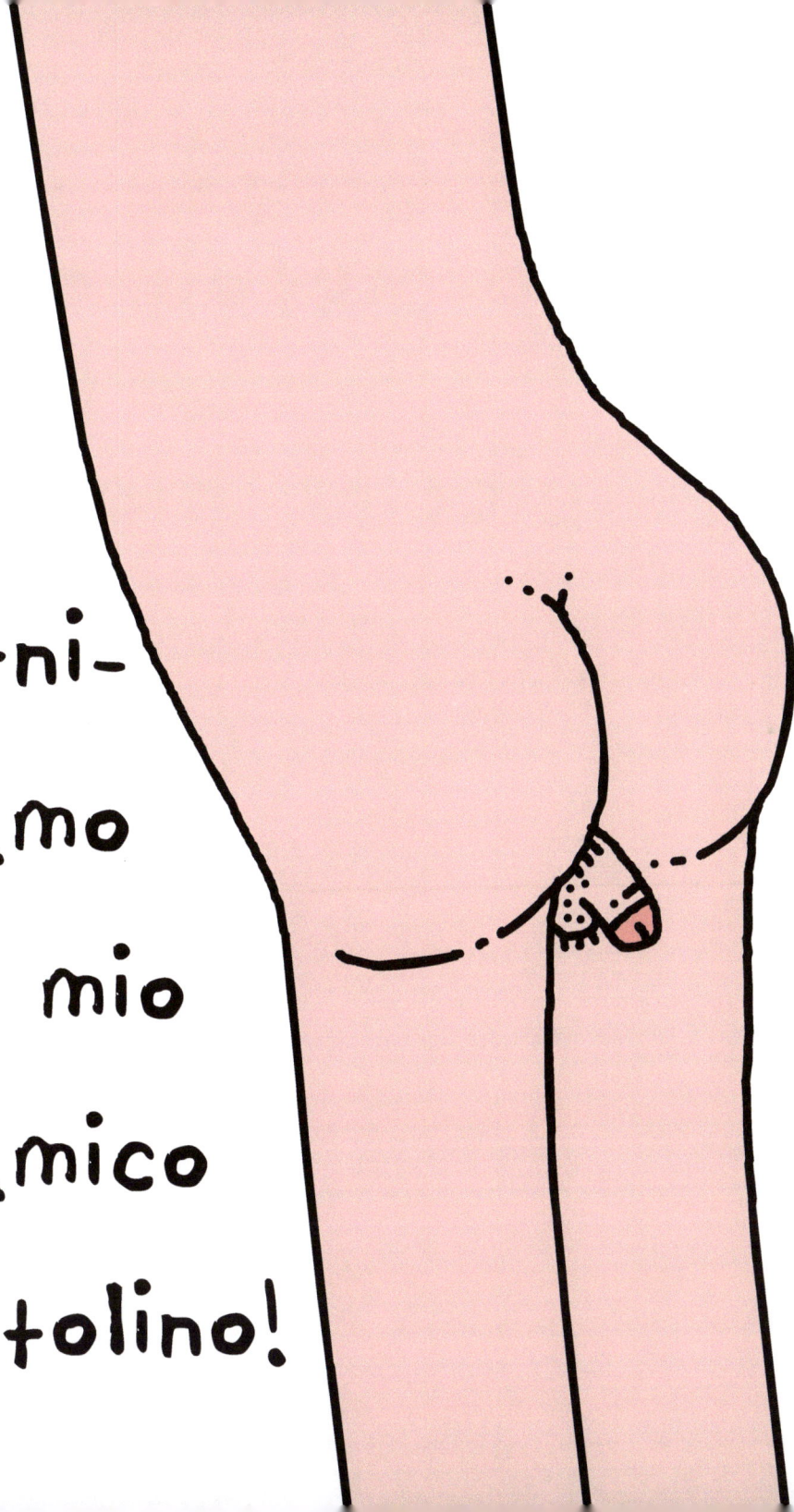

Il mio pistolino si fa
piccino piccino

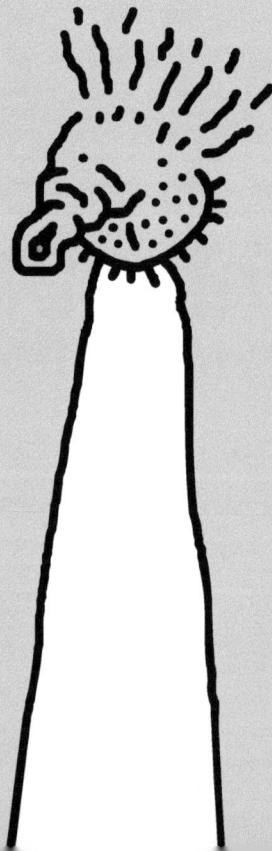

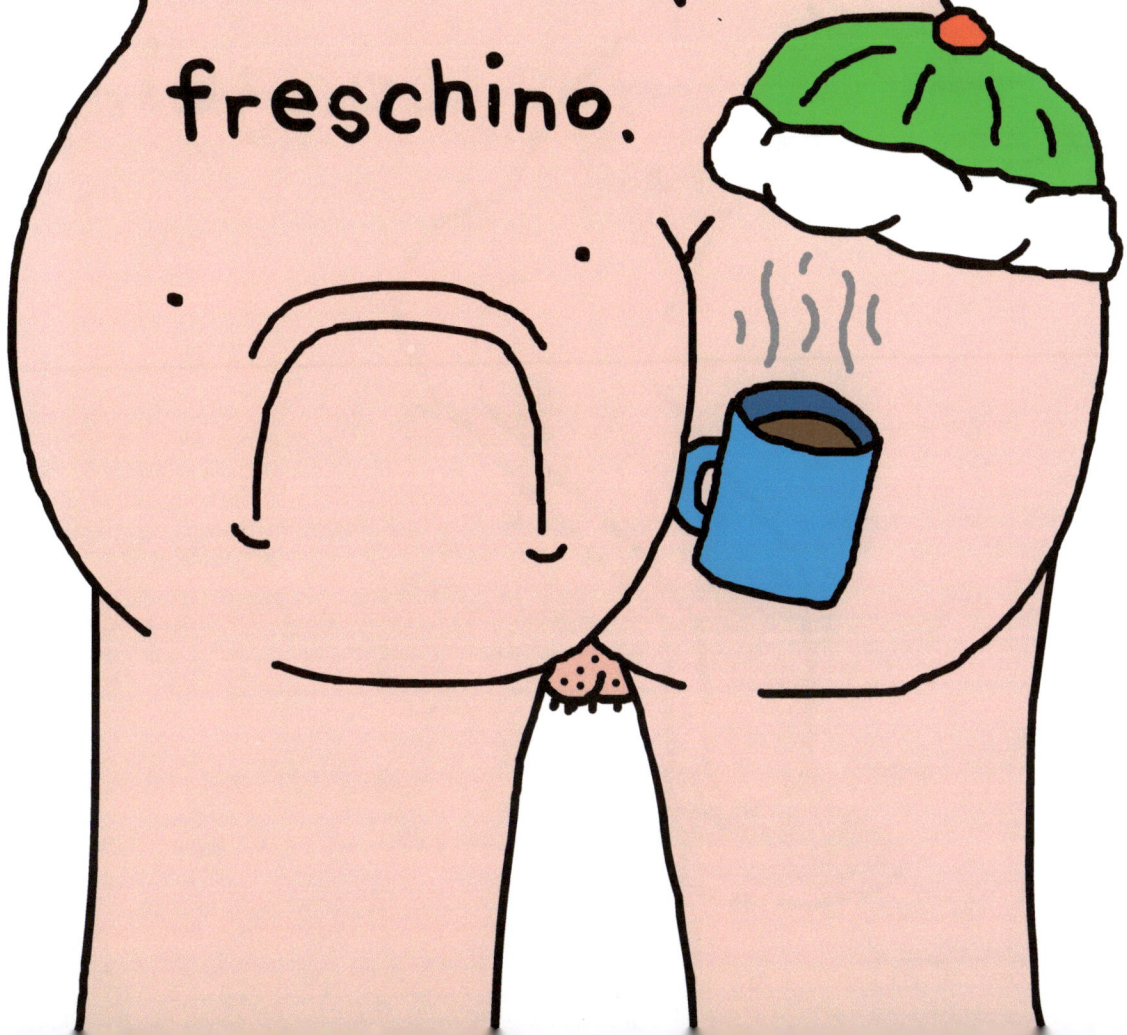

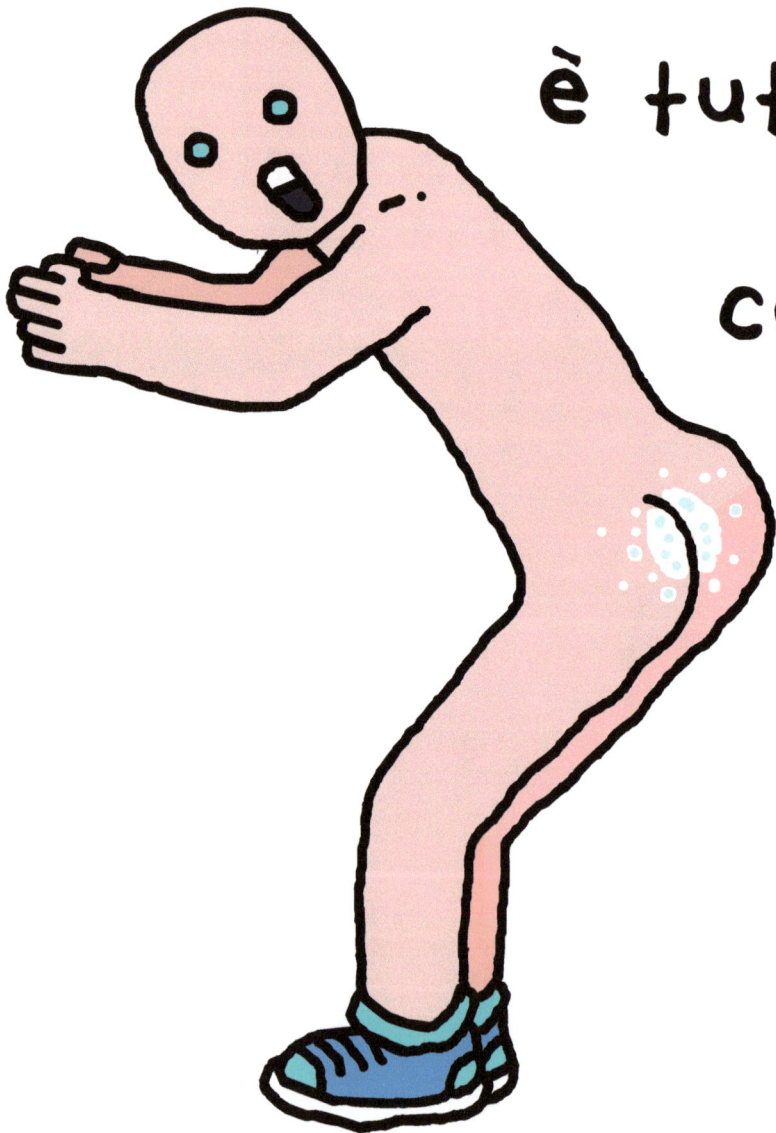

Una vespa me lo ha
pure mozzicato.

Puzzona di una vespa,

non sei stata affatto onesta.

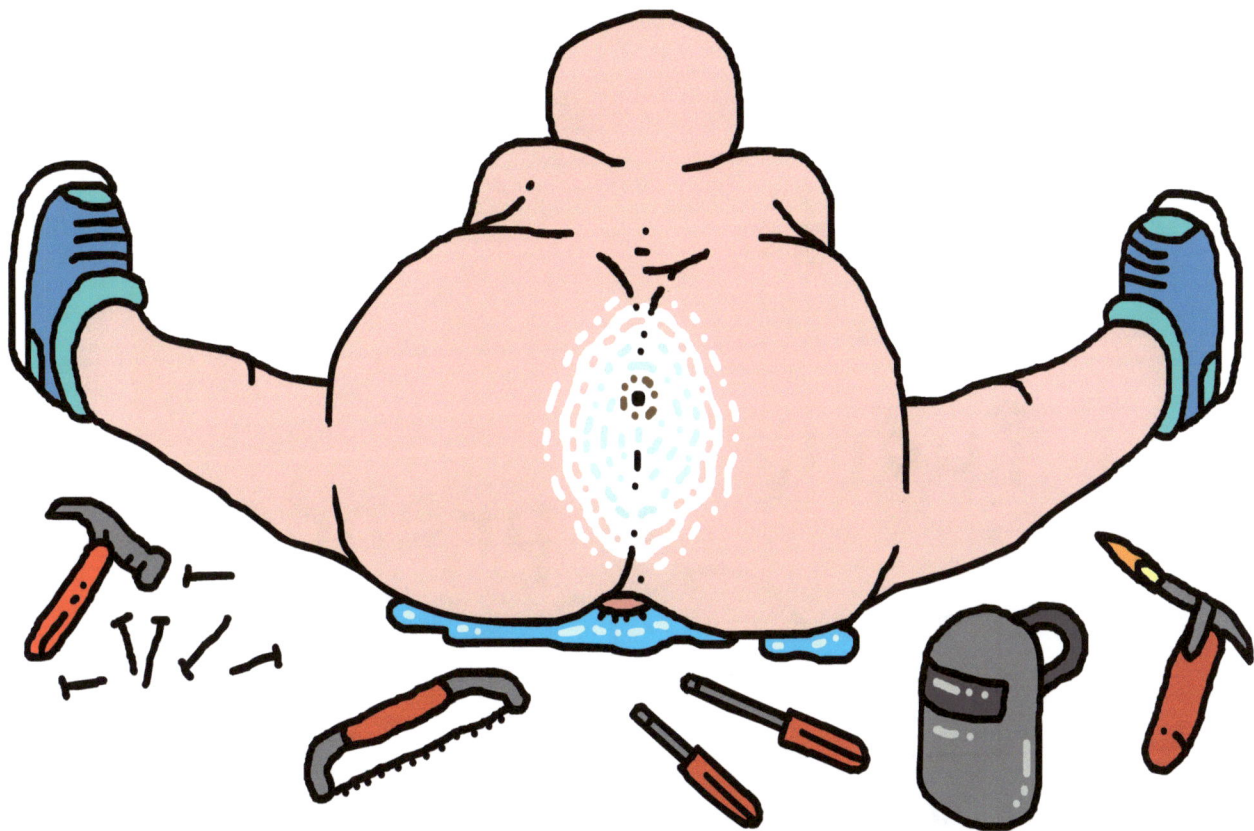

Ora come faccio per il freddo ed il dolore?

Mi sa che vado fuori, e prendo un po' di sole

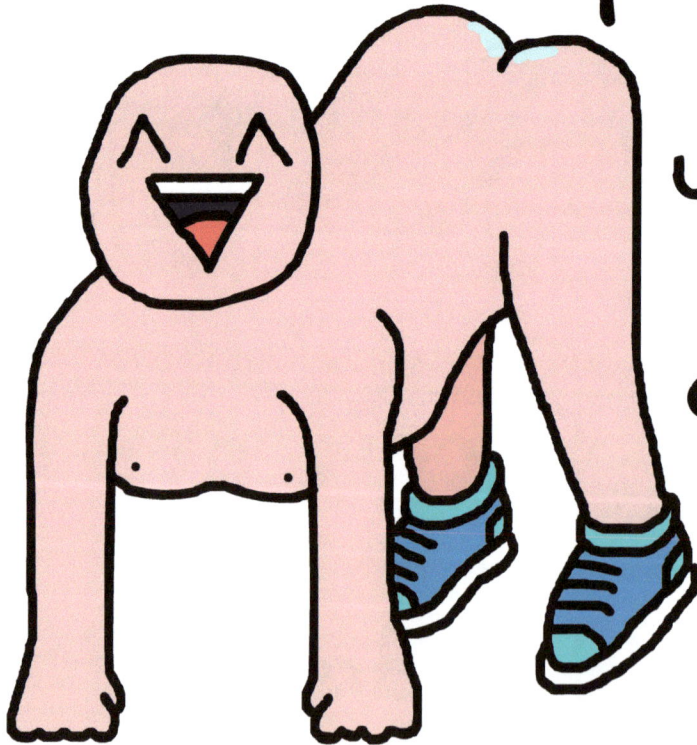

ma adesso il mio culetto
sente del bruciore,
e si mette subito

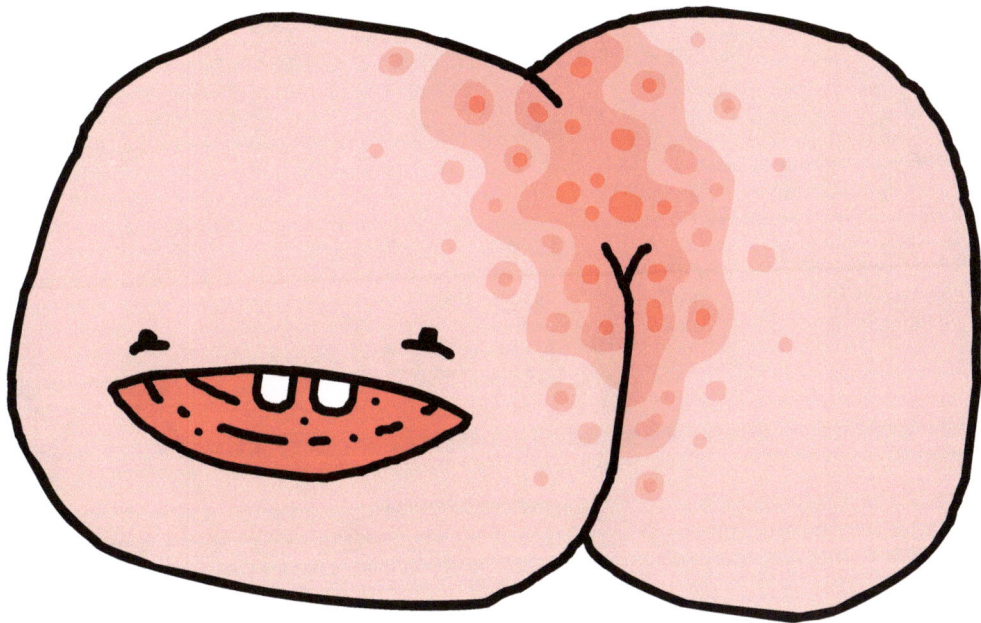

a cantare una canzone...

Pistolino culo culo. Pistolino culo culo. Pistolino culo culo.

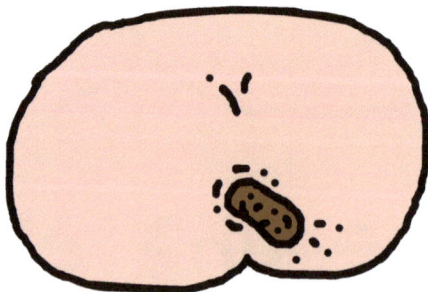

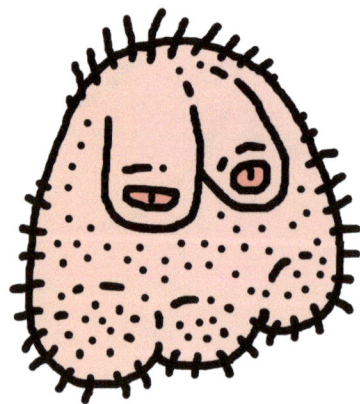

Pistolino culo culo.

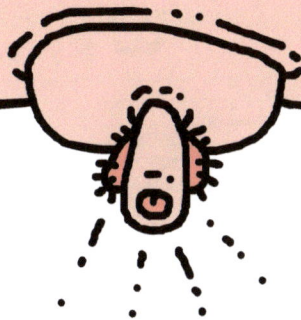

Pistolino

culo culo culo culo...

Vespa!

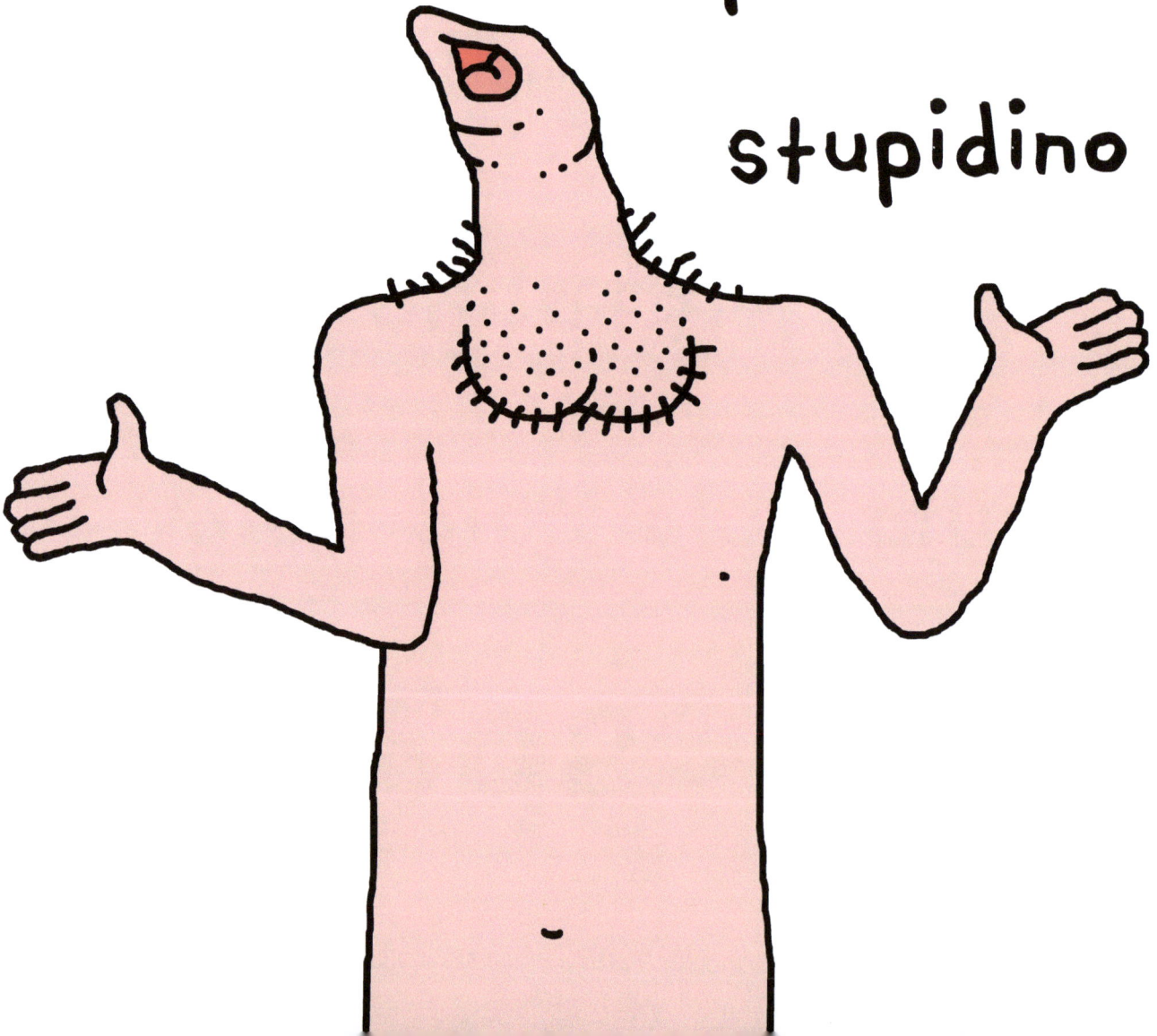

e un sedere bruciacchiato.

Tutti fuori al sole,

con il

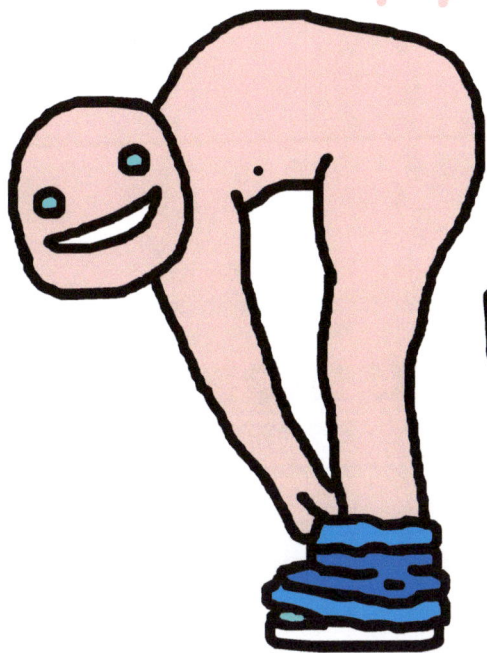

pantalone

calato.

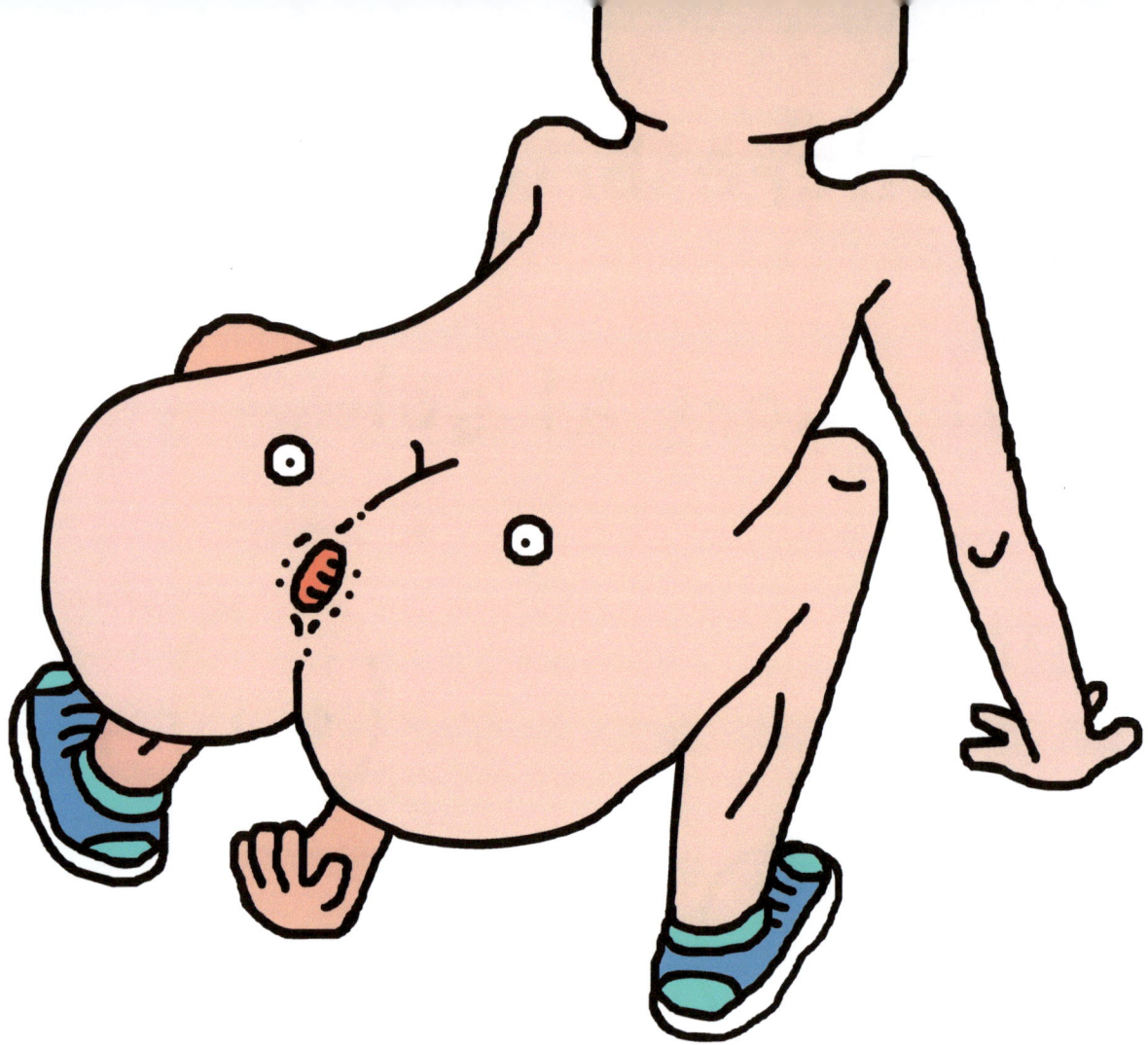

Ma le mie prugne, dove son finite?

Non si saranno mica smarrite?

Tutta colpa della vespa,

che me le ha fatte sparire.

Sbronziamoci di brutto,

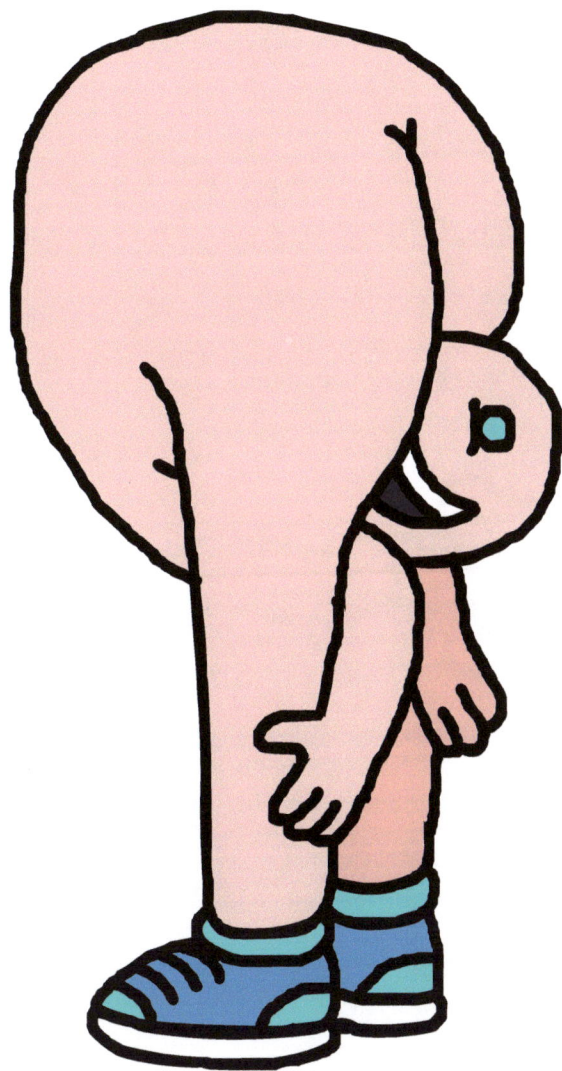

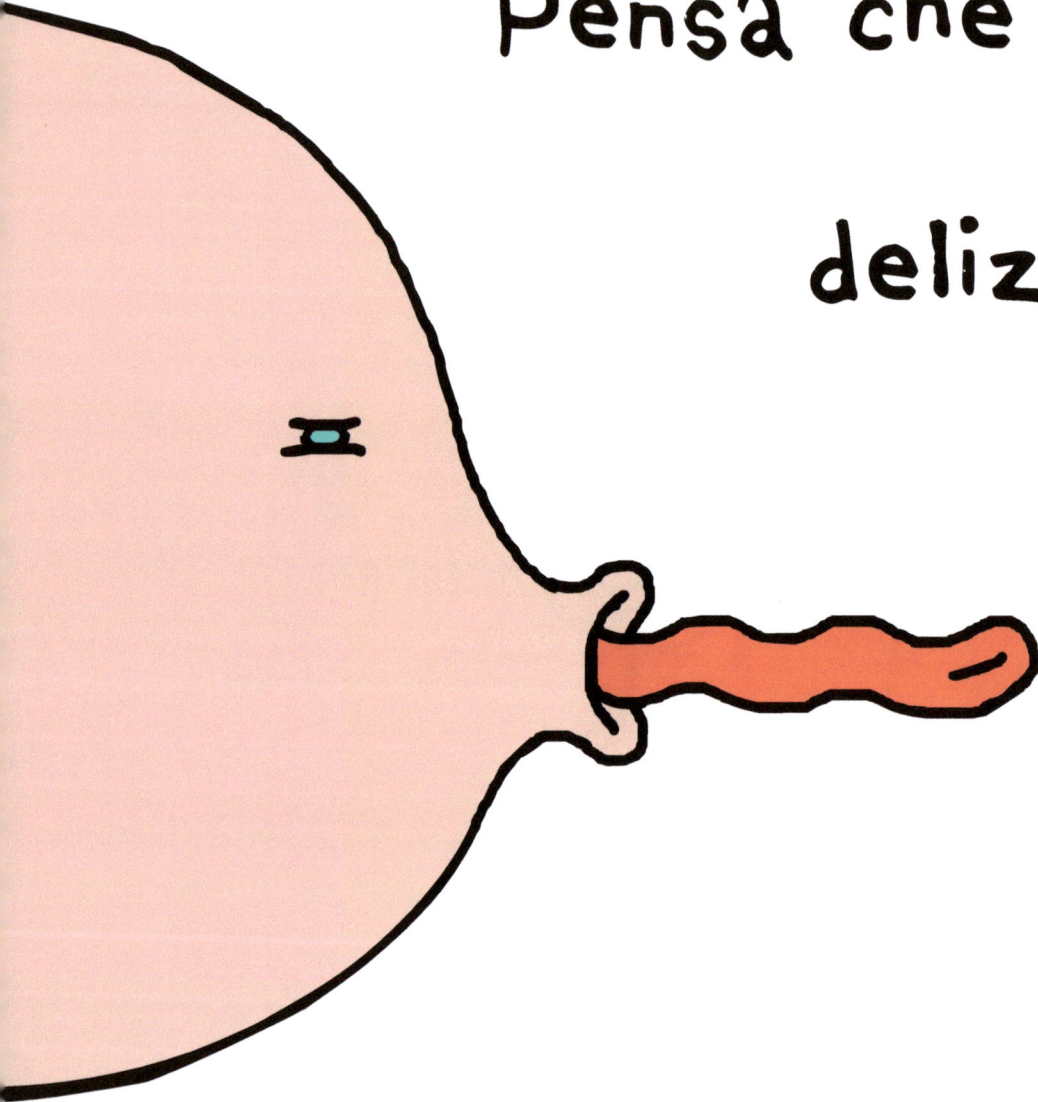

Pensa che
delizia

sulla mia

lingua pazza.

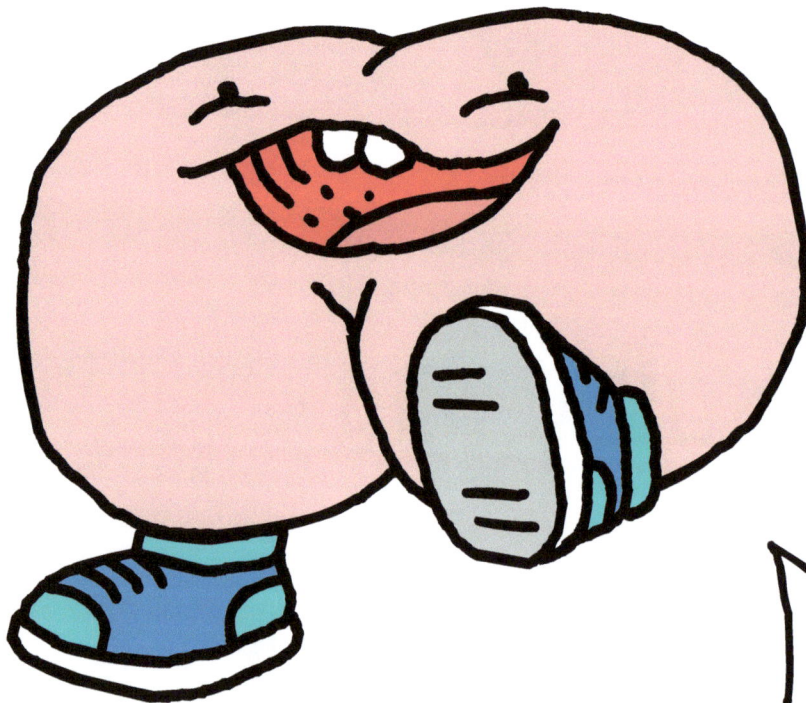

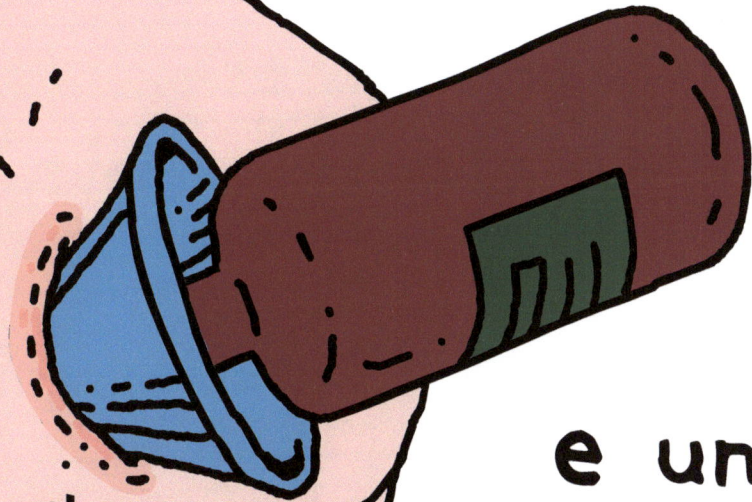

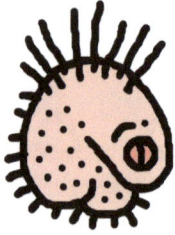

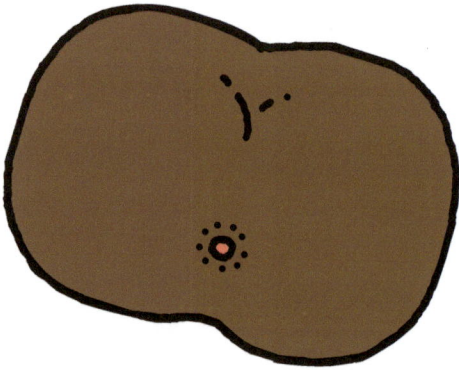

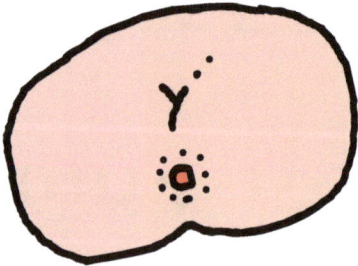

Pistolino

culo

culo.

Pistol-

ino

culo

culo.

Pistolino culo culo.

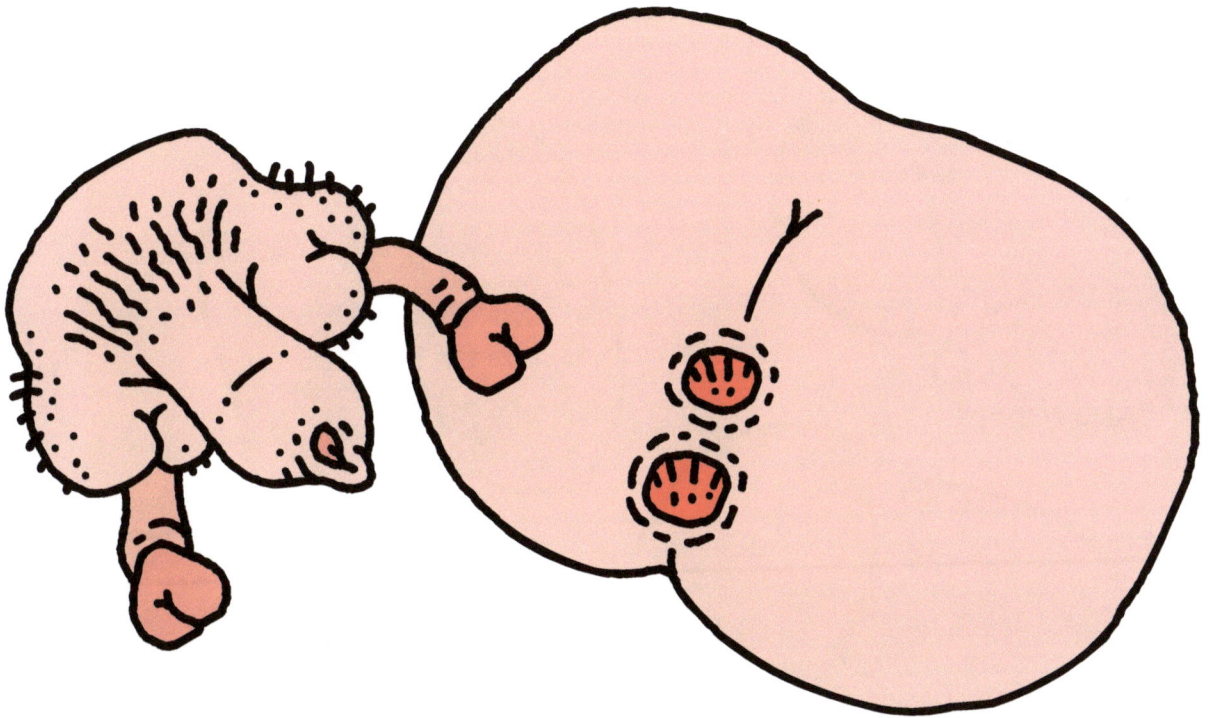

Pistolino

culo culo.

Pistolino culo culo.
Pistolino

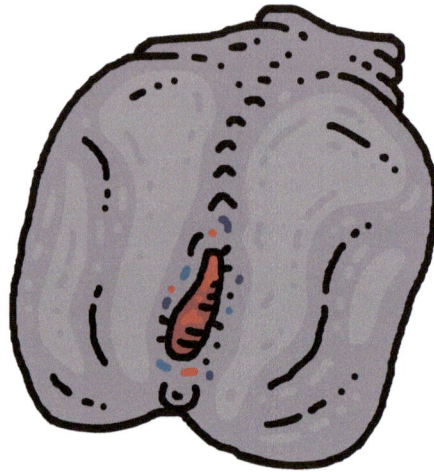
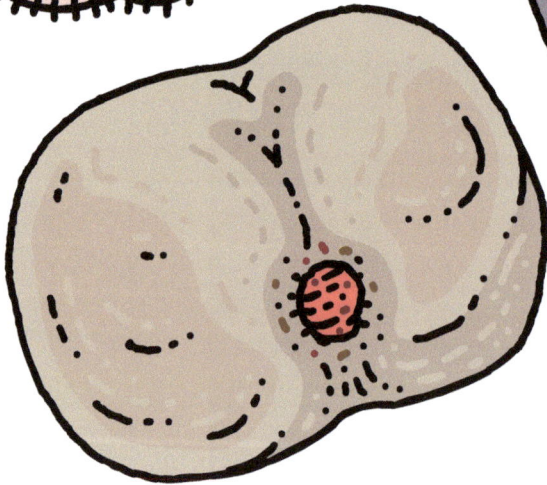

culo culo.

PISTOLINO

CULO CULO

CULO CULO!

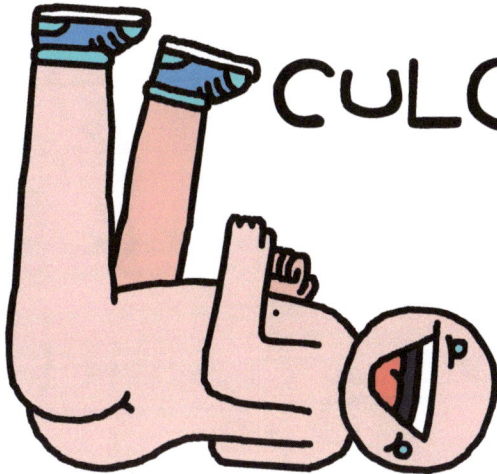

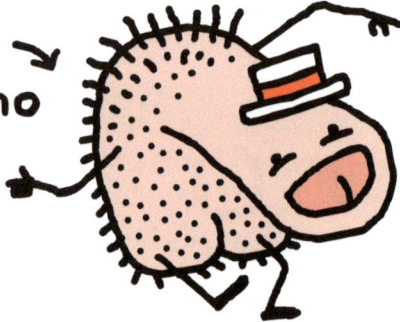

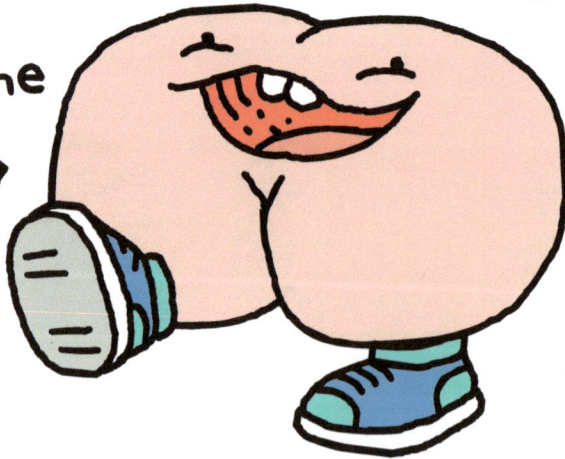

Pistolino Culo Culo: Un libro completamente inutile

Un racconto avvincente sulle avventure di un uomo e delle sue parti del corpo antropomorfe... Un vero e proprio classico senza tempo.

www.blankspacep.com

Scansiona qui per vedere il cartone animato!

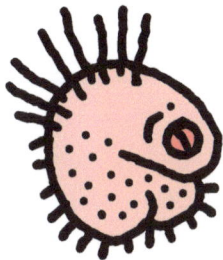

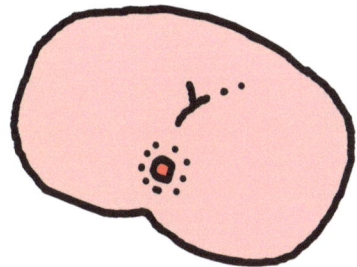

BlankSpace Publications, con sede a London, Ontario, Canada, è una casa editrice indipendente gestita da persone strampalate. Visita www.blankspacep.com per dare un'occhiata al nostro catalogo. Gli editor dedicati di BlankSpace ti ringraziano per il tuo supporto alle pubblicazioni indipendenti.

www.ingramcontent.com/pod-product-compliance
Lightning Source LLC
Chambersburg PA
CBHW042010080426
42734CB00002B/36